歴史の
現場から

はじめに

　本書に収めた文章は、2013年1月から日朝協会群馬県支部のニュース（月刊）に連載した「歴史の現場から」を基にしています。

　気楽な歴史エッセーのつもりではじめたのですが、長年、学校の教員をしてきた悪いクセで、つい理屈っぽくなったりえらそうな物言いをしてしまいました。

　特別な専門分野を持つ学者、研究者でもない私ですが、3年以上書き続けている雑文を今回まとめてみようという気になったのは、ひとえに最近の世の中の動きに、「あまりにも歴史から学んでいないのではないか」との思いを強くしているからです。

　日本では古くから「温故知新」（古きをたずねて新しきを知る）といい、中国では「前事不忘、後事之師」でしょうか。第2次大戦終結40周年にドイツのヴァイツゼッカー大統領が演説で述べた「過去に目を閉ざす者は現在にも盲目になる」という至言もあります。

　本書では連載の順序にこだわらず、第1部に憲法、裁判、近代化にまつわるテーマを集めました。第2部は比較的気楽な「旅ゆけば」の気分、第3部は公害と戦争に関わる話題です。

　記述するにあたっては、当然のことながら聞きかじりも含めて先学諸氏の研究を参考にしました。本来ならば出典を明らかにするか注記をすべきところですが、煩雑を避けるため、最低限のものを除いて省略しました。研究書ではないということでご容赦願いたいと思っております。

　長年、高校で日本史の教員をしていた私にとって、生徒に歴史を学ぶ意味をわかってもらえるかが最大の課題でした。受験競争が激しくなるにつれて、「歴史は暗記もの」と考える生徒が増えたように感じます。

　致し方ないこととはいえ、「ここは試験に出るぞ、覚えておけ」式の指

導をする先生が多くなったのかもしれません。

　もともと、歴史とは時空を超えたことがらを対象にしています。自分が生まれるよりはるか以前の、距離的にも遠いかなたに起こった出来事を実感として追体験するのは容易なことではありません。「タイムスリップ」という言葉はあっても、現実に時間をさかのぼることは不可能だからです。

　ならばせめて「現場」に立てば、よりイメージがふくらむのではないか。教師たるもの、できるだけ現場を踏んで教材を提示することが必要ではないかと考えていましたが、現実はほんの一部しか実行できませんでした。いかんせん、日本中の歴史の舞台を訪ね歩くには時間的、経済的余裕がなかったからです。

　退職後は民間の会員制教育研究団体である群馬県高校教育研究所（現・ぐんま教育文化フォーラム）に関わり、部会活動として「近現代史ゼミ」という市民学習会を続けています。

　2000 年 1 月にスタートしましたので、満 17 年をすぎました。通い続けてもなんの資格も取得できるわけではありません。それなのに私よりはるかに高齢の方も含め、常に 30 人前後の方が参加されているのには驚いています。

　近現代史ゼミでは、年に 1 回はフィールドワークとして、バスで「現場」にでかけます。2015 年はあきる野市に「五日市憲法のふるさと」を訪ね、2016 年は長野県上田市の「無言館」と上田城跡に行ってきました。フィールドワークの範囲は県内、せいぜい近県止まりですから、あるいはこの本が「補講」の役割を果たしてくれるかもしれません。

　近現代史ゼミ以外にもいろいろな学習の場と関わりをもっていますが、ともに学ぶ人たちの姿にこちらが励まされ、希望をもらっています。

　私は「未来が其の胸中に在る者、之を青年と云う」（植木枝盛）という言葉が好きな《好奇高齢者》です。

目 次

はじめに　……2

1　武蔵五日市の民主主義（憲法のふるさと①）　……5
2　自由は土佐の山間より（憲法のふるさと②）　……11
3　日米協働の創作物（憲法のふるさと③）　……16
4　漱石の予言　……24
5　啄木追っかけ旅　……32
6　ああ、裁判　……42
7　真実は壁を透して（松川事件）　……50
（コラム1）人間の運命について　……57
8　寅さんの「現場」を行く　……58
9　地名に歴史あり　……66
10　「忠臣蔵」人気の不思議　……72
11　逃亡者・高野長英①　……81
12　逃亡者・高野長英②　……87
13　「りょうま」がゆく　……94
14　オッペケペーと演歌の心　……104
（コラム2）恩讐の彼方に　……111
15　真の文明は……①（富国強兵の裏側）　……112
16　真の文明は……②（政府・大企業とのたたかい）　……119
17　真の文明……③（国の富とはなにか）　……127
18　兵どもが弾丸の痕　……136
19　爆弾は偏西風にのって　……143
20　国内最大の引っ越し計画（松代大本営）　……152
21　地図から消された島　……159

あとがき　……168

① 武蔵五日市の民主主義（憲法のふるさと①）

　東京駅から中央線特別快速に乗り、新宿を経て立川まで約40分。ここで五日市線に乗り換えれば終点の武蔵五日市まで約30分。かつての西多摩郡五日市町は1995年に秋川市と合併して「あきる野市」となった。

　車なら圏央道あきる野ICから近い。駅から西へ約1時間歩くと、深沢という集落に着く。道はほどなくして行き止まり、深沢家の屋敷跡がある。現在の深沢家は五日市駅近くに住んでおり、ここには門と土蔵を残すのみだ。

　1968年夏、東京経済大学・色川大吉ゼミ（歴史学）の学生たちがこの土蔵の史料調査を行なった。おびただしい数の蔵書とともに、クモの巣だらけの2階にあった箱の中に風呂敷包みを発見した。そこから出てきた24枚の和綴の表書きには「日本帝国憲法　陸陽仙台　千葉卓三郎草」の文字。最初は「大日本帝国憲法」の〝大〟を書き忘れたと思ったらしい。その価値に気づくのは、しばらくしてからのことである。

深沢家の屋敷跡。現在は門と土蔵を残すのみ

130年前の憲法論議

今から130年以上も前の1880年代。この地域に「学芸講談会」という組織があった。中心メンバーは土蔵の主、深沢家の名生・権八父子、実質的なリーダーは勧能学校（現・五日市小学校）教員の千葉卓三郎である。

40人近い会員は地主、中農から小作農も含み、20歳代の若者が多かった。現在の青梅市や八王子市からも参加している。活動は月3回、豊富な蔵書を使っての会員相互の討論が中心であった。

深沢権八手書きの討論題集(63項目)の中には次のようなものがある（要旨）。

・憲法は国民が決めるのか、国王が決めるのか
・議会は一院制がいいか、二院制がいいか
・女帝をたてることはどうか
・皇居は東京に置くべきか田舎に置くべきか
・衆議院議員に給料を払うべきか、払うと悪いことをするか
・人民に武器を与えてもよいか
・ぜいたく品に重税を課した場合の利害

人権規定の極致「五日市憲法」

深沢家の土蔵から発見された「日本帝国憲法」204条、そのうち実に150条は人権に関する規定である。学芸講談会の討論を経て、千葉卓三郎が起草したものであった。のちに「五日市憲法」と呼ばれることになる条文のうち6か条を銅板にした碑が、あきる野市立五日市中学校の敷地内に建っている。

45 日本国民ハ各自ノ権利自由ヲ達ス可シ　他ヨリ妨害ス可ラス
　　且国法之ヲ保護ス可シ

48 凡ソ日本国民ハ日本全国ニ於テ同一ノ法典ヲ準用シ同一ノ保護ヲ受ク
　　可シ　地方及門閥若クハ一人一族ニ与フルノ特権アルコトナシ

76 子弟ノ教育ニ於テ其学科及教授ハ自由ナルモノトス　然レドモ子弟小
　　学ノ教育ハ父兄タル者ノ免ル可ラサル責任トス

77 府県令ハ特別ノ国法ヲ以テ其綱領ヲ制定セラル可シ　府県ノ自治ハ各地ノ風俗習例ニ因ルモノナルカ故ニ必ラス之ニ干渉妨害ス可ラス　其権威ハ国会ト雖モ之ヲ侵ス可ラサルモノトス
86 民撰議院ハ行政官ヨリ出セル起議ヲ討論シ　又国帝ノ起議ヲ改竄スルノ権ヲ有ス
194 国事犯ノ為ニ死刑ヲ宣告ス可ラス　又其罪ノ事実ハ陪審官之ヲ定ム可シ

　自由権・法の下の平等・教育の自由と義務教育・地方自治・国会の天皇に対する優越・政治犯の死刑禁止と陪審制度、なんとも進んだ人権規定ではないか。そしてこれと同内容の碑が、千葉卓三郎の生地（宮城県志波姫町＝現・栗原市）と仙台の墓所・資福寺にある。こちらの碑は「千葉卓三郎記念碑」である。

　　タクロン・チーバー氏とは何者？
　小学校の教員をしながら地元の青年たちと交わり、憲法案を起草した千葉卓三郎とはいかなる人物だったのか。

千葉卓三郎の記念碑と著者（仙台市・資福寺）

1852 年（翌年にペリーが浦賀に来航）生まれ、父は仙台藩の下級藩士で藩校養賢堂に学んだ。1868（慶応 4・明治元）年、戊辰戦争に参戦して敗れる。維新以降各地を放浪し、学問・思想遍歴を経て、1880（明治 13）年 4 月、五日市勧能学校の教員になる。翌年に憲法草案を起草する。この頃から結核が進み、1882（明治 15）年 11 月、東京本郷龍岡町の医院で死去した。まだ 31 歳の若さだった。

　仙台市北山・寺町の資福寺にある「千葉家之墓」に葬られたが、その前に建つ墓碑銘がおもしろい。

自由権下不羈郡浩然ノ気村貴重番地　不平民
ジャパネス国法学大博士　タクロン・チーバー氏ここに眠る
自由権（県）下不羈郡……の住所と不平民タクロン・チーバーは彼が好んで使った戯称である。

　五日市憲法草案の原本は長期間、東京経済大学に保管されていたが、2008 年に 40 年ぶりで里帰りし、現在はあきる野市中央図書館に収蔵され、年 1 回公開されている。複製やその他の資料は「五日市郷土館」（火・水・祝日休館・入館無料）に保存されている。

　わきたつ「民権」——私擬憲法
　明治 10 年代前半に、都心から遠く離れた五日市でこのような憲法草案が生まれたのは決して偶然ではない。
　1874（明治 7）年の板垣退助ら 8 人の士族による「民撰議院設立建白書」の提出以後、全国各地に国会開設を求める政治結社が生まれた。全国組織である愛国社は、1880 年 3 月の第 4 回大会で「国会期成同盟」と改称し、同年 11 月の同盟第 2 回大会では、次回までに各政社がそれぞれ憲法案を持ち寄り研究することを決議した。こうして全国各地で作成された憲法案を私擬憲法と呼ぶが、現在それらの内容がわかっているのは約 40、時期がほとんど 80・81 年に集中しているのは以上の経過による。「五日市憲法」もまた表に出ることはなく、90 年近くも深沢家の土蔵の中で眠り続けて

いたのであった。

　志高かった人たち

　五日市の学芸講談会が実にハイレベルの討論を行なっていたのは、深沢名生・権八父子が買い求めた大量の蔵書によるところが多い。会員は書物を読み、毎回最低1回は発言することを求められた。賛否を表明する際に必ず論拠を明らかにすることが「規約」で定められている。

　政治や法律、議会制度などに関するこうした学習は、なにも五日市だけが特別な例外ということではあるまい。

　1884（明治17）年に起こった秩父事件では、信州北相木村からの参加者で井出為吉という若者がいた。1859年生まれ、21歳で村会議員になり、1883年には25歳で戸長兼学務委員になっている。同じ北相木村から参加した参謀長・菊池貫平のもとで軍用金集方をつとめ、軍資金の領収書に「革命本部」と署名したのは為吉である。ただの百姓一揆ではないぞ、という彼の意識がうかがわれる。

　1970年夏に井出家の土蔵からみつかった蔵書の一部に『仏蘭西法律書』『仏国革命史』『仏国民法契約論』『英国スペンサー社会学』『明法志林』などがあった。為吉は近くの寺で学習会を開いていたらしい。なお、彼は事件後、懲役7年の刑に服することになるが、その後、治雄と改名し後半生を生きた。治雄は音読すれば「じゆう」、すなわち自由である。

　今から140年近く前に、東京西郊の五日市で、信州佐久の山間で、そのほかにも全国各地で、立憲主義や民主主義を学び実現しようとする人たちがいたのはまぎれもない事実である。

　美智子皇后は2013年10月の誕生日に際し、恒例の宮内記者会の質問に文書で回答した際、五日市憲法にふれた。

　今年は例年に増して憲法をめぐる論議が盛んだったとした上で、「かつて、あきる野市の五日市を訪れた時、郷土館でみせていただいた『五日市憲法草案』のことをしきりに思い出しておりました」と続け、その内容について極めて的確な理解を示していた。

　「19世紀末の日本で、市井の人びとの間にすでに育っていた民権意識を

記録するものとして、世界でも珍しい文化遺産ではないかと思います」とまで評価している。

　天皇、皇太子の誕生日会見における発言の端ばしからも現憲法擁護の姿勢が感じられ、「天皇又は摂政及び国務大臣、国会議員、裁判官その他の公務員は、この憲法を尊重し擁護する義務を負ふ」（憲法99条）に照らすとき、皇族方の尊重擁護姿勢に比し、国務大臣以下の99条義務違反はなんたることと言わざるを得ないのである。

　今でもあきる野市のはずれにある深沢家屋敷跡に立つのは、そう簡単ではない。130年前は鉄道や車はなく、一日の労働を終えた10代、20代の若者たちが毎週1回、山道を登り、峠を越えて深沢家に集まったことを想像してほしい。

　そして、深沢名生、権八（長男）を中心に、これからの日本のありようをめぐる数々の諸問題をテーマに議論を重ねた。参考にしたものは、深沢父子が東京や横浜で買い求めてきたであろう、たくさんの蔵書類だった。

父は「故深澤名生之墓」とごく普通だが（左）、息子の方は「権八深澤氏墓」と名が先。ジョージ・ワシントンやジャン・ジャック・ルソー流を意識してか（深沢家屋敷跡）

自由は土佐の山間より（憲法のふるさと②）

　高知駅前から路面電車（土佐電鉄桟橋線）で南へ15分、桟橋通四丁目で降りると間もなく「高知市立自由民権記念館」に着く。高知市が市制100周年を記念して1990年4月に開館したものである。自由民権運動だけをテーマにした記念館（資料館）は、高知のほか、東京の町田市と福島県三春町にあるだけだ。記念館の前の碑にある「自由は土佐の山間より」の字は植木枝盛の筆跡からとったという。

高知市立自由民権記念館前の碑

　入館者に配られるパンフレットには、
　　「人の上には人はなき　権利にかわりがないからは」
　　　　　　　　（植木枝盛『民権数え歌』）
　　「頼む所は天下の輿論、目指すかたきは暴虐政府」
　　　　　　　　（馬場辰猪『日本政治の状態』）
　　「自由は取る可き物なり、貰ふ可き品にあらず」
　　　　　　　　（中江兆民『自由平等経綸』）
　　「未来が其の胸中に在るもの　之を青年と云う」
　　　　　　　　（植木『無天雑録』）
などの詞句があふれて意気軒昂の趣がある。

政治結社の先駆け「立志社」

1871（明治4）年から岩倉使節団が米欧歴訪に赴いた留守中に征韓問題が起こる。西郷隆盛、板垣退助らは出兵の準備を進めていたが、外遊から帰った大久保利通、木戸孝允たちは内治優先を主張して武力征韓に反対、方針を覆してしまった。敗れた征韓派士族は一斉に野に下る。

昨日の友は今日の敵、翌年、板垣退助、後藤象二郎たちは「民撰議院設立建白書」を提出して言論による政府攻撃を開始した。

出発点は政権中枢の権力闘争だが、板垣らの唱えた「自由・権利」の主張は多くの人びとの支持を集める内容を持っていた。板垣、後藤はともに元土佐藩士、運動推進のために設立した最初の政治結社である「立志社」跡の碑が高知市帯屋町の中央公園内にある。

革命思想の先駆者・植木枝盛(えもり)

立志社によった土佐の民権家たちの中でも、徹底した民主主義の理論的指導者として活躍したのは植木枝盛であった。

枝盛の代表的著作である『民権自由論』は次のような調子ではじまる。

「一寸(ちょと)御免を蒙(こうむ)りまして日本の御百姓様日本の御商売人様日本の御細工人職人様其外士族様御医者様船頭様馬かた様猟師様飴売様お乳母様新平民様共御一統に申上ます。さてあなた方は皆々御同様に一つの大きなる宝をお持ちでござる。この大きなる宝とは何んでござるか、打出の小槌か銭のなる樹か金か銀か珊瑚か、だいやもんどか。但しハ別品の女房を云ふか才智すぐれたる児子(こども)の事か。いやいやこんなものではない。まだ是等よりも一層尊ひ一つの宝でござる。それが即ち自由の権と申すものじゃ。元来あなた方の自由権

植木枝盛邸跡（とり壊されて今はない）

利は仲々命よりも重きものにて自由が無ければ生きても詮ないと申す程の
ものでござる。……」

　植木枝盛邸跡を訪ねたのは、右に写り込んだ車のフロントグリルの形状
からもわかる通り 30 年以上も前のことである。この家に枝盛は 14 年間住
んだというが、さすがに老朽化が進んで数年前に解体され、今は書斎部分
だけが自由民権記念館の敷地内に移築されているという。

　　植木起草の立志社憲法草案とは

　1880 年頃、全国各地で作られた私擬憲法のうち最も民主的な内容をも
つものは土佐の立志社の憲法草案であり、その起草者が植木枝盛であった。
草案としての多くの過程を経たのち、「東洋大日本国国憲按」として成案
に達する。全 220 条、とりわけ驚くのは人民の自由権利に関する規定（第
40 〜 74 条）だ。

　法の下の平等にはじまり、現在の日本国憲法が掲げる基本的人権のす
べてを含みながら、さらに人民の抵抗権・革命権をも明記する。（第 70・
71・72 条）

　「政府国憲ニ違背スルトキハ日本人民ハ之ニ従ハザルコトヲ得」

　「政府官吏圧制ヲ為ストキハ日本人民ハ之ヲ排斥スルヲ得

政府威力ヲ以テ擅恣暴逆ヲ逞フスルトキハ日本人民ハ兵器ヲ以テ之ニ抗ス
ルコトヲ得」

　「政府恣ニ国憲ニ背キ擅ニ人民ノ自由権利ヲ残害シ建国ノ旨趣ヲ妨グル
トキハ日本国民ハ之ヲ覆滅シテ新政府ヲ建設スルコトヲ得」

　現在の日本国憲法に「抵抗権」や「革命権」の規定はない。しかし、そ
もそも政府とは人民の幸福を保証するために権力を付与されたのであって
（社会契約説）、政府がその権力を乱用して人民の自由・権利を侵害したな
ら「建国の旨趣」に反していることになる。よって、人民はそのような政
府に従う必要はないし、力で倒して新政府をつくる権利があるとする考え
方が人民主権の思想である。

　もちろん、このような憲法草案が 1880 年代に現実のものとなるはずが
ない。そして昭和の戦争の時代、たとえ発表のアテはなくとも、土佐の自

由民権運動と植木枝盛の業績、さらに広く日本憲政史について調べていたのは鈴木安蔵（憲法学者）だった。研究の成果を公にできたのは戦後のことである。

憲法研究会の「憲法草案要綱」

　敗戦後の日本政府は、明治憲法を変更する必要なしと考えていたが、ポツダム宣言（軍国主義の除去・民主主義的傾向の復活強化）を受諾した以上、連合国軍総司令部（ＧＨＱ）が大日本帝国憲法の存続を認めるはずはなかった。

　「新憲法制定」への機運の中で、各政党・民間団体・個人がそれぞれ理想とする憲法案を作成し、発表する。

　その中に、元東大教授・高野岩三郎を代表に7人が集まった憲法研究会があった。1945年11月から12月まで会合し、討議を重ねた末、「憲法草案要綱」を決定した。起草したのは41歳とメンバーの中では最年少ながら唯一人の憲法学者だった鈴木安蔵である。

　「要綱」の民主的規定の中には、明らかに植木枝盛の「東洋大日本国国憲按」の影響がみられる。たとえば植木の国憲按に、「日本人民ハ拷問ヲ加ヘラルルコトナシ」（第48条）とあったのを、「要綱」では「国民ハ拷問ヲ加ヘラルルコトナシ」としている。この条項を書く鈴木の胸中には、おそらく彼自身が京都学連事件に連座して検挙され（1926年治安維持法違反第1号）、激しい拷問を受けた記憶がよみがえっていたにちがいない。

　「憲法草案要綱」は、国内向けに発表するとともに1945年12月26日、ＧＨＱに提出された。持参したのは英語の達者な杉森孝次郎（文芸評論家・早大教授）である。

　日本の常識では間もなく御用納め、年末年始の休暇にはいるところだがＧＨＱはちがった。民政局ではただちに翻訳に着手し12月31日に完了、年明けとともに「要綱」の詳細な分析、検討が行なわれた。

　マイロ・E・ラウエル陸軍中佐が1月11日付でホイットニー局長に提出したコメントでは、「国民主権主義に立ち、労働者保護規定など全体としていちじるしく民主主義的で賛成できる」と高い評価を与えている。

「要綱」は「根本原則（統治権）」に国民主権と実質的な象徴天皇制を明記し、「国民権利義務」として法の下の平等、基本的人権（言論・学術・信教など内面の自由）のほか男女の完全なる平等、労働者の権利、人種による差別の禁止などを掲げていた。

押しつけ憲法論への反証
　「憲法研究会」が提出した「憲法草案要綱」の中に、「国民ハ健康ニシテ文化的水準ノ生活ヲ営ム権利ヲ有ス」という条項があった。日本国憲法第25条「すべて国民は、健康で文化的な最低限度の生活を営む権利を有する。」になんとよく似ていることか。

　いわゆる生存権と呼ばれるこの規定は、研究会の一員である森戸辰男（元東大助教授・社会学者、のちに文相）の強い主張によっていれられた。森戸はドイツに留学しワイマール憲法の「経済生活の秩序は、すべての者をして人間に値する生活を得しめることを目的とし……」（第151条）に学んだものである。

　この条項はのちのＧＨＱ案でも政府案でも消えていたが、新憲法案を審議する帝国議会で、社会党から立候補し当選した森戸議員の主張によってよみがえったものである。

　この一事をもってしても、現憲法がアメリカ製の押しつけだというウソは明らかではないか。アメリカはもともと自己責任論の国、生存権の考え方があれば大統領が国民皆保険制度であれほど苦労するはずがないのだが……。

③ 日米協働の創作物（憲法のふるさと③）

　東京都千代田区有楽町一丁目13番1号に第一生命保険株式会社本社ビルがある。1902（明治36）年創業、現在はかんぽ生命（日本郵政グループ）、日本生命保険に次いで業界3位の保険会社だ。

　敗戦後の日本に乗り込んできた占領軍はここ「第一生命館」を接収して、連合国軍総司令部（GHQ）とした。都内に焼け残ったビルで何か所か候補があったが、日比谷の交差点を渡るといやでも目に飛び込んでくるこの建物が気にいったらしく、最高司令官・マッカーサーはほかの候補地をみることなくここに決定したという。

皇居お濠端の第一生命ビルとDNタワー21

　現在の写真では、1990年代に隣接する農林中央金庫本店のビルと一体化する再開発が行なわれたため（第一のDと農林中央金庫のNとでDNタワー21）、GHQが使っていた時代とは印象がちがってしまった。

　マッカーサーは6階の社長室を総司令官の執務室とし、総司令部の各部局のうち民政局がこの第一生命ビルの中に置かれた。その意味で、ここもまぎれもなく「日本国憲法のふるさと」と呼べるのである。

マッカーサーの椅子

　1952（昭和27）年、サンフランシスコ講和条約の発効で占領軍（進駐軍）は引き揚げ、第一生命館の接収も解かれたが、その後も第一生命本社では

マッカーサーの執務室を保存し、公開してきた。

総司令官室（旧社長室）の中央には大きな机と革張りの椅子、壁にかかった油絵も当時のままである。部屋の隅には元帥の胸像がある。公開以後、さぞたくさんの人がこの部屋に来てマッカーサーの椅子に座ったのだろう。革が擦れて一面に白くなっている。

6階のマッカーサー執務室（現在は非公開）

驚いたのは机の造り。強大な権力者の机ともなれば、両袖にたくさんの引き出しがついた重々しいものを想像するが、なにもない。マッカーサーはいかにも軍人らしく即断即決主義、幕僚の持ってくる書類はただちに決裁し、手元に止めておくということはいっさいなかったという。

マッカーサーは毎朝ここに出勤し、宿泊と食事はすべて港区赤坂のアメリカ大使館を使っていた。

マッカーサーの部屋について長々と紹介したのは、9・11のニューヨーク同時多発テロ以後、第一生命は不特定多数の人の立ち入りを恐れて「公開」をやめてしまったからである。

第2次大戦・対日戦争の勝者として東京に乗り込んできた面々は、みな一様に軍服を身にまとっていたが、彼らは全員が根っからの職業軍人というわけではなかった。平時にはそれぞれが職業を持って働いていたのだ。GHQの民政局にあって、ポツダム宣言の履行＝日本の民主化に取り組んだのは彼ら、元シヴィリアン（文民）たちである。

ホイットニー局長・准将以下、C・ケーディス次長・陸軍大佐、M・E・ラウエル陸軍中佐、A・ハッシー海軍中佐はいずれもハーバード大学ロー

スクール（法科大学院）の出身、弁護士など法律家を経て政府のニューディール政策の推進に参画していた。軍人以外では、戦後に国務省職員として採用された若きミス・ベアテ・シロタがいた。

アメリカ占領軍の中の進歩派、リベラリストたちが鈴木安蔵ら憲法研究会の「草案要綱」も含めて真剣に論議し、日本国憲法の骨格を形作っていった。のちにケーディスは「改正憲法は、外国の占領という不幸な環境であれ、日米双方の協働による創作物となった」と回想している。

日本の民主化を喜ばない人たち

文民（Civilian）出身の民政局員たちが日本の民主化に取り組んでいた時、同じＧＨＱ内部にそうした動きを苦々しい思いで眺めている人たちがいた。民政局＝ＧＳ（Government　Section）に対し、ＧⅡ＝参謀第２部と呼ばれた部局で、「諜報・検閲」が任務であった。

元もと職業軍人である彼らは、戦争で勝利を収めればすぐ次の戦争＝仮想敵国を考える。第２次大戦でファシズム陣営を倒した連合国にあって、唯一の異端＝社会主義国・ソ連が次の相手になることは容易に予想された。それなのに、ＧＳは思想・言論の自由といって政治思想犯を釈放し、集会結社の自由の名のもとに共産党を合法化し、労働組合の結成を助けている。これらはどれもソ連を喜ばせているだけではないか……。

ＧⅡの親分ウィロビー少将は徹底した反共主義者として知られ、ＧＳのメンバーを指して Pinkers（桃色野郎たち）と呼んでいた。少し赤がかっている連中という意味である。

ジャーナリストのマーク・ゲインは、ある日のＧＳとＧⅡの激しい対立、すなわち経済界から戦争犯罪人を追放することの是非をめぐり、ＧⅡのタカ派が「最上の同盟者を殺すな」と反対する様子とともに次のような発言を紹介している。

「強力な日本を必要とする時期がくるかもしれない」

「軍人追放の結果を反省してみるがいい。ただわれわれの戦略的地位を弱化しただけではなかったか」。

続けてマーク・ゲインは、「あけすけに日本再武装論をやることだけで

は、もはや事足れりとはしないのだ。ある人たちは日本軍隊の解体さえ誤りだった、とまで考えるようになった」と書いている（『ニッポン日記』井本威夫訳　筑摩書房刊）。

　驚かされるのはこの日記が書かれた日付が1946年5月28日だということ、東西冷戦の激化とともにアメリカの対日政策が大きく右旋回するより2年も前のことである。

　たしかにアメリカ軍人からみれば、日本の軍隊を敵に回したらこんな始末に困る存在はないが（優秀・勤勉・勇敢・死をも恐れぬ）、味方にすればこんな頼もしいパートナーはまたとないであろう。日米同盟への芽は日本の敗戦9か月後にはすでに萌していたのだ。

　ＧＨＱ内部の暗闘

　『知られざる日本占領　ウィロビー回顧録』という本がある（1973　番町書房刊）。

　反共主義者のウィロビーが、Pinkers の活動をただイライラしながらみているはずはなかった。回顧録には、最高司令官および参謀長に宛てた㊙「総司令部への左翼主義者の浸透状況」と題する報告書（1947・4・23付）が載せられている。

　同僚であるＧＨＱの個人個人について、経歴や交友関係を調べ、時には尾行までして「彼（彼女）は共産主義者ではないかと疑われる」と密告しているのである。

　民政局次長として憲法制定に大きな役割を果たしたＣ・ケーディス大佐は、一人の日本女性との不倫を暴かれて本国に召還され、再び日本の土を踏むことはなかった。ウィロビーの意を受けてケーディスの日常生活を見張ったのは、日本の検察に置かれた「隠退蔵物資事件捜査部」であった。

　隠退蔵物資事件とは、旧日本軍が戦時中に民間から接収したダイヤモンドなどの貴金属類や軍需物資について、それが政財界に流れたとされる事件である。そしてＧＨＱ内の進歩派追い出しの片棒をかついだ捜査部こそが現在の東京・大阪地検の特別捜査部（特捜検察）につながっている。

19

「日本国憲法第九条」はどこからきたのか

　中曽根康弘作詞・明本京静作曲「憲法改正の歌」をご存じだろうか。1955年に保守合同で自由民主党が誕生した翌56年に、有楽町の東京宝塚劇場で盛大な発表会が行なわれた。

1　嗚呼戦に打ち破れ／敵の軍隊進駐す

　　平和民主の名の下に／占領憲法強制し

　　祖国の解体を計りたり／時は終戦六ヶ月

2　占領軍は命令す／もしこの憲法用いずば

　　天皇の地位うけあはず／涙を呑んで国民は

　　国の前途を憂ひつつ／マック憲法迎えたり（3・4・5番略）

「押しつけ憲法」論に基づく改憲、再軍備の主張のハシリである。

　ところで、鈴木安蔵ら憲法研究会がつくった「草案要綱」に戦争放棄の規定はない。「平和思想ニ基ク……諸民族トノ協同」とあるだけ。

　九条の戦争放棄を言い出したのはマッカーサーだ、いや日本側だと長い論争が続いており、いまだに決着がついたとは言い難い。改憲論者はマッカーサーによる「日本の武装解除強要」説である。

　当のマッカーサーはなんと言っているか。

　「（幣原喜重郎）首相はそこで、新憲法を起草する際、戦争と戦力の維持を永久に放棄する条項を含めてはどうか、と提案した」「私は腰が抜けるほどおどろいた」（『マッカーサー回想記』　朝日新聞社）

　幣原首相は「私は図らずも内閣組織を命ぜられ、総理の職に就いたとき、……憲法の中に、未来永ごう戦争をしないようにし、政治のやり方を変えることにした。……よくアメリカの人が日本へやって来て、こんどの新憲法というものは、日本人の意思に反して、総司令部の方から迫られたんじゃありませんかと聞かれるのだが、それは私の関する限りそうじゃない、決して誰からも強いられたんじゃないのである」。

（幣原喜重郎『外交五十年』　読売新聞社）

　両者の会談で戦争放棄が話されたのは1946年1月24日だという。そしてマッカーサーが、日本政府の提出した新憲法案を問題外として、三原則（天皇制維持・戦争放棄・封建的諸制度の撤廃）を日本政府に示したのは

その 10 日後、2 月 3 日のことだった。

　幣原の発想の背後には、天皇制維持のためには日本の無力化を示して連合国の警戒心を解く狙いもあったかもしれないが、それ以上に外交官出身の幣原の頭には、第 1 次大戦後の国際連盟規約や諸決議、パリ不戦条約（1928）を通じて強まった「戦争違法化」への流れがあったに相違ない。

　当事者の二人がこう証言しているのにそれでは都合の悪い人たちがいて、どうしても戦争放棄は強制されたもの、だから「自主憲法」で九条を変える必要があると言い続けている。

　2012 年 12 月 30 日、ベアテ・シロタ・ゴードンさんが膵臓がんのためニューヨークの自宅で死去した。享年 89。5 歳から 15 歳まで日本で過ごした彼女は 22 歳で国務省職員に採用され、憲法制定作業の中で人権、とりわけ女性の権利について大きな役割を果たした。

　子どものころにみてきた日本の女性の無権利状態に対する思いが強かったからだという。晩年はしばしば来日し、くりかえし日本の憲法のすばらしさを講演していた。家族からの訃報と合わせて、もし日本から献花を望むならば、故人の遺志を汲んで「九条の会」に寄付してほしい、とあったという。（辻村みよ子×古関彰一「ベアテ・シロタ・ゴードンさんを偲んで」『世界』2013 年 4 月号）

　「押しつけられた」のは誰か

　日本国憲法は、ケーディス民政局次長の言うとおり、「日米双方の協働による創作物」だった。ケーディスはこの回想の中で「例えば、ラウエルが 1 月 11 日付覚書に記した高野岩三郎、馬場恒吾、森戸辰男主宰の憲法研究会案……の長所が参考にされたのである」とわざわざ名前を挙げている。

　「押しつけられた、迷惑だ」と感じたのは大日本帝国憲法（明治憲法）の体制を温存しようとした人たちであろう。ポツダム宣言を受諾して降伏した後もなお、「治安維持法は今まで通り。天皇制を批判する者は容赦なく逮捕する」と公言して GHQ に罷免された東久邇内閣の山崎内相はその

典型だった。

　彼らは戦争責任をあいまいにしたまま、できるだけ改革をサボり、旧体制を残すことに汲々としたのである（官僚制などはほとんど無傷、また日本人自身による責任追及も行なわれなかった）。

　しかし、大多数の日本国民にとって「主権在民・平和主義・基本的人権尊重」の《新憲法》が迷惑だったはずがない。今また改憲論の論拠に「押しつけ憲法」というだましのテクニックが横行しているのに対し、「事実はこうだ」を広げる必要がある。

　＜付　記＞
　2016年8月12日付『東京新聞』の1面トップに「9条は幣原首相が提案」、マッカーサー書簡に明記、「押し付け憲法」否定新史料との大見出しの記事が載った。

　記事によると、1958年（昭和33）当時、岸内閣のもとで憲法調査会会長だった高柳賢三がマッカーサー元ＧＨＱ最高司令官に宛てた12月10日付けの手紙で、「新憲法起草の際に戦争と武力の保持を禁止する条文をいれるよう提案したのは幣原首相か、それとも貴下が勧告されたのか」と尋ねたのに対し、マッカーサーは15日付けの返信で「戦争を禁止する条項を憲法にいれるようにという提案は、幣原首相が言ったのです」と明記しているという。

　この史料は、教育学者で東大名誉教授の堀尾輝久氏（1933～）が国会図書館に収蔵された憲法調査会の膨大な資料を探索し、英文の書簡と調査会による和訳を発見したとのこと。記事をみた途端、「堀尾先生、やったネ」というのが私の思いだった。

　元東大教育学部長、日本教育学会会長などを歴任された堀尾先生は、1992年に発足した民主教育研究所（民研）の代表を以後18年間つとめられたが、たまたま私は所属した高校教育研究所（現・ぐんま教育文化フォーラム）から選出された民研の評議員として、2008年以降、年2回はお会いする機会があった。

　その際、しばしば先生は「内藤さん、相も変わらず押しつけ憲法論が大

手を振っているが、なぜ歴史学者は9条幣原発案説を決定づける証拠をみつけないのかね」と話されていたからである。教育学者がついに発見！歴史学者、以て如何となす？

港区六本木一丁目辺りを歩いていて偶然発見。ここにはかつて外務大臣の公邸があった。吉田茂外相、松本烝治国務相がGHQ民政局のホイットニー局長、ケーディス次長と新憲法の草案について審議したという。あてのない散歩の楽しさ。

 漱石の予言

夏目坂と喜久井町

　東京メトロ東西線の「早稲田」で降り、2番出口から地上に出ると、交差点から南へのぼる緩やかな坂道がある。新宿区が文豪に敬意を表して建てた標識が何本もある。

　ここは「夏目坂」、漱石の父・夏目小兵衛直克は町奉行配下で馬場下一帯を支配する町名主だったが、この坂を自分の姓で夏目坂と呼んだのが広まったらしい。町名の「喜久井町」も夏目家の家紋「井桁に菊」（菊井）にちなむものだという。

新宿区にある夏目坂。右にみえるオベリスクは誕生地の碑

　ここで漱石（本名・金之助）が生まれたのは1867（慶応3）年、260余年続いた江戸幕府が滅亡し、翌年は明治元年となる激動の時代である。

　道路に面して弟子の安倍能成（哲学者、一高校長・学習院院長）が揮毫した「夏目漱石誕生之地」の碑がある。

　幼児期は里子に出されたり塩原家に養子にはいったり、かなり不遇な生い立ちであった。養父母の離縁で9歳のとき生家に戻ったが、長く塩原金之助のままであり、夏目姓に復したのは22歳のときだった。
1893（明治26）年、帝国大学文科大学英文科（現・東京大学）を卒業し、

東京専門学校（現・早稲田大学）や高等師範学校の講師になったが、2年後、両校を辞し松山中学（愛媛県尋常中学校）の教諭に就いた。29歳の新任教員の月給80円は校長より20円多かったというから、帝大出という〝学歴の威光〟がしのばれる。

　松山では、大学時代の同級生である正岡子規が病気で帰郷していたためさかんに俳句を作り、同じ下宿にも住んだ。その家「愚陀仏庵」（愚陀仏は漱石の俳号）は戦災で焼け、1982年に再建されたが、2010年の大雨による裏山の土砂崩れのため倒壊してしまった。地元では再々建の話もあるが、まだ具体化していないらしい（写真は10年以上前の撮影、2階に漱石、1階に子規が住んでいた。もとの位置とは変わっている）。

漱石と子規の青年時代を過ごした愚陀仏庵。再々建が待ち望まれる

　松山での生活はたった1年、その後、漱石は第五高等学校の講師として熊本に移るのだが（月給100円、この年に中根鏡子と結婚）、松山の1年がなければ『坊っちゃん』は生まれなかった。

英国へ留学
　五高の講師になって4年後、漱石は現職のまま政府から英語研究のためイギリス留学を命じられる。在英期間は1900（明治33）年から1902年末、漱石34歳からの2年余。ロンドンでは大量の本を買い込み、下宿にこもっ

て猛勉強したようだが、一方で金欠病やホームシックで強度の神経衰弱に悩まされた。つぎは1901年3月頃の日記である。

（三月十五日　金）
　日本人ヲ観テ支那人ト云ハレルト厭ガルハ如何、支那人ハ日本人ヨリモ遥カニ名誉アル国民ナリ、タダ不幸ニシテ目下不振ノ有様ニ沈淪セルナリ、心アル人ハ日本人ト呼バル、ヨリモ支那人ト云ハル、ヲ名誉トスベキナリ、
　仮令然ラザルニモセヨ日本ハ今迄ドレ程支那ノ厄介ニナリシカ、少シハ考ヘテ見ルガヨカラウ、西洋人ハヤ、モスルト御世辞ニ支那人ハ嫌ダガ日本人ハ好ダト云フ　之ヲ聞キ嬉シガルハ世話ニナツタ隣ノ悪口ヲ面白イト思ツテ自分方ガ景気ガヨイト云フ御世辞ヲ有難ガル軽薄ナ根性ナリ

　興味深いのは、福沢諭吉「脱亜論」との対比もさることながら、後段の「支那人ハ嫌ダガ日本人ハ好ダト云フ」のくだりである。
　時は1901年、翌年には日英同盟が締結され、1904年の日露戦争へとつながる。日露戦争はシベリアを東進したロシアが極東で南下政策に出て、朝鮮半島を脅かすことを恐れた日本がそれを阻止しようとして起こしたものだが、ことはイギリスも同様だった。
　アジアに持つ権益を守るためにはロシアの南下を阻止したい、とはいっても、イギリスが遠く離れた極東でロシア相手に武力行使はできない。「ならばその役割を日本に」の願いを込めた日英同盟待望論であり、「日本人ハ好」だったのではないか。
　さらに翌16日付けの日記にはこうある。

　日本ハ三十年前ニ覚メタリト云フ　然レドモ半鐘ノ声デ急ニ飛ビ起キタルナリ　其覚メタルハ本当ノ覚メタルニアラズ　狼狽シツ、アルナリ　只西洋カラ吸収スルニ急ニシテ消化スルニ暇ナキナリ、文学モ政治モ商業モ皆然ラン　日本ハ真ニ目ガ醒ネバダメダ

漱石がイギリス留学中に感じ取った「英国文明の分厚さ」、それにひき
かえ日本は……の思いは、以後の彼の小説にあっても通底奏音のように鳴
り響き続けることになる（後述）。

教育者 or 文学者？

1903 年 1 月に帰国した漱石は熊本の第五高等学校を依願退職し、4 月
から一高と東京帝国大学英文科の講師を兼任することになった（年俸合計
1,500 円・当時の国会議員の年俸は約 2,000 円）。住居も本郷区千駄木町 57
番地（現・文京区向丘二丁目 20 - 7）に定めている。

この頃の漱石は教育者として一生を貫くべきか、あるいは文学者として
生きるべきかで悩んでいたらしい。親友の子規は英国留学中に亡くなって
いたが、雑誌『ホトトギス』は子規の弟子で漱石も親交のあった高浜虚子
らが引き継いでおり、俳句も漢詩も続けていた。転機になったのは 1905（明
治 38）年 1 月、『ホトトギス』に『吾輩は猫である』を発表したことである。

最初はごく短いもので完結のつもりだった。ところが思いがけない好評
で 2 月に「続編」、4 月に「続々編」を掲載、ついには年を越えて 1906 年
8 月の 11 回まで書き継ぎ、漱石の文名は一挙に高まった。この年『坊っちゃ
ん』も『ホトトギス』に同時発表している。

結局、漱石が文筆の道で生きることを決意し、朝日新聞社への入社を決
定、大学と一高に辞表を提出したのは 1907（明治 40）年 3 月のことだった。

「猫の家」のこと

『吾輩は猫である』を執筆したのは駒込千駄木町の家だった。この家に
は森鷗外も住んだことがあるが、現在は愛知県犬山市の「明治村」に移築
されており、住居跡は近くにある日本医科大学の同窓会館「橘桜会館」に
なっている。

会館前には「夏目漱石旧居跡」（題字・川端康成書　撰文・鎌倉漱石会）
の碑があり、隣家との境にある堺の上を石造の猫が悠然と歩いている。猫
のしっぽの先にみえるのが苦沙弥先生をしばしば怒らせる悪童たちの落雲
館中学、当時は郁文館中学（現・郁文館夢学園）だ。

漱石旧居跡

　亡びるね……
　『三四郎』は漱石の代表作の一つだが、これは千駄木の家から西片町を経て、牛込区早稲田南町の漱石山房に移転してからの作品である。1908（明治41）年9月から年末まで東京・大阪の『朝日新聞』に掲載された。
　主人公の小川三四郎は熊本の高等学校を卒業し東京の大学に入学するため上京する。車内で隣り合わせになった髭の男とのやりとりにつぎのような文章がある。

　……髭の男は、「お互いは哀れだなあ」と言い出した。
　「こんな顔をして、こんなに弱っていては、いくら日露戦争に勝って、一等国になってもだめですね。もっとも建物をみても、庭園を見ても、いずれも顔相応のところだが、──あなたは東京がはじめてなら、まだ富士山を見たことがないでしょう。今に見えるから御覧なさい。あれが日本一の名物だ。あれよりほかに自慢するものは何もない。ところがその富士山は天然自然に昔からあったものなんだからしかたがない。我々がこしらえたものじゃない」と言ってまたにやにや笑っている。三四郎は日露戦争以後こんな人間に出会うとは思いもよらなかった。どうも日本人じゃないような気がする。
　「しかしこれからは日本もだんだん発展するでしょう」と弁護した。す

ると、かの男は、すましたもので、「亡びるね」と言った。

　三四郎がのちに東京で再会し、影響を受けることになる《偉大なる暗闇》こと広田先生との出会いの場面である。日露戦争の「勝利」に沸く日本をみながら、広田先生の口を通じて将来を「亡びるね」と言わしめているのは、まぎれもなく漱石自身の日本の近代化に対する不信の表明であろう。

間口だけの一等国
　『三四郎』の翌年には『それから』を発表した。高等遊民・代助を主人公に据え、日本の〝発展〟をよりシニカルに語らせている。
　友人の平岡に「何故働かない」と問われると、
　「何故働かないって、そりゃ僕が悪いんじゃない。つまり世の中が悪いのだ。もっと、大袈裟に云うと、日本対西洋の関係が駄目だから働かないのだ。第一、日本程借金を拵えて、貧乏震いをしている国はありゃしない。この借金が君、何時になったら返せると思うか。そりゃ外債位は返せるだろう。けれども、そればかりが借金じゃありゃしない。日本は西洋から借金でもしなければ、到底立ち行かない国だ。それでいて、一等国を以て任じている。そうして、無理にも一等国の仲間入をしようとする。だから、あらゆる方面に向って、奥行を削って、一等国だけの間口を張っちまった。なまじい張れるから、なお悲惨なものだ。牛と競争をする蛙と同じ事で、もう君、腹が裂けるよ……」
　さらには、
　「日本国中何所を見渡したって、輝いている断面は一寸四方も無いじゃないか。悉く暗黒だ」
　とまでいわせているのである。
　短期間で欧米に「追いつき、追い越せ」で果たした日本の急激な近代化──《奇跡》とも言われた「発展」が内包していたもろもろの矛盾を漱石は鋭く見抜いていたのではないだろうか。
　そして「亡びるね」や「もう君、腹が裂けるよ」の《予言》は1945年、アジア太平洋戦争の敗北という形で日本人に突きつけられることになる。

日清・日露戦争以後の日本近代史は、貧しい農村（半封建的な地主制度）が生み出した安くて豊富な労働力（『女工哀史』）を背景に急激な発展を遂げた。

　しかし、農村の貧しさと労働者の低賃金を踏み台に発展した日本の資本主義は、国内市場の狭さゆえに絶えざる海外市場の獲得を必要とする。武力を背景にした海外市場の獲得・拡大は容易に《侵略》にならざるを得ない。「富国強兵」というスローガンは、経済と軍事の相互関係＝富国による強兵と同時に強兵による「富国」をめざした。実態は「貧国」でしかなかったのだが。

　国内の弱者を踏み台にした「発展」は、次にアジアの人びとを踏み台にし、その路線が決定的な《破綻》を来したのが1945（昭和20）年の夏であった。

ＤＶの文豪？

　若いころから漱石はいろいろな病気持ちだった。20代後半に結核の徴候がみえ、厭世的になっている。鎌倉の円覚寺に参禅したのもそのころだ。英国留学中はひどい神経衰弱、帰国後は人が変ったように妻子に暴力を振るったと孫娘の半藤末利子が書いている。

　「『あんなに恐いなら、そしてあんなにお母様をひどい目に会わせるなら、いっそお父様なんか死んでしまった方がよい』と子どもの頃の筆子（漱石の長女・末利子の母）は何度思ったかしれないと言う。」（夏目鏡子述『漱石の思い出』解説）。

　同書では「病気の時は仕方がない。病気が起きない時のあの人ほど良い人はいないのだから」という祖母・鏡子の言葉も紹介している。

　有名な鏡子悪妻説は、同書で家庭内の漱石を赤裸々に語ったことで、漱石を崇拝してやまぬ門下生・弟子たちが夫人を悪妻に仕立てたのだという。

　生涯にわたって漱石を苦しめたのは胃の病気だった。1910年、43歳の時、胃潰瘍のため転地療養に赴いた伊豆修善寺温泉で大吐血、人事不省に陥る（修善寺の大患）。小康を得て帰京、再入院する。この頃から胃潰瘍のため創作もしばしば中断して病臥する。

1916（大正5）年12月9日没、享年49であった。終焉の地である漱石山房跡（新宿区早稲田南町7）は、小公園になって胸像や猫塚があったが、新宿区は2017年の漱石生誕150周年にあわせて本格的な「漱石山房記念館」（仮称）を建設すべく工事が進んでいる。

　漱石と鏡子夫人の墓は都電荒川線の沿線・雑司ヶ谷霊園にある。夫人の弟のデザインで安楽椅子をかたどったものだが、ふんぞりかえっているようで権威主義的だと言う人もいる。もちろん漱石自身の趣味とは無関係で、文豪にはいささか気の毒である（豊島区南池袋4-25-1）。

漱石夫妻の墓（雑司ヶ谷霊園・豊島区）

⑤ 啄木追っかけ旅

　昔の人は総じて短命だった。松尾芭蕉などは「芭蕉翁」といわれてえらいジイサンくさいが、旅に病んで夢は枯野を駆けめぐりつつ没した時は50歳だった。

　「日本銀行券」に肖像が使われている人物中、一万円札の福沢諭吉は長命の方で享年67、千円札の野口英世52歳、五千円札の樋口一葉にいたってはわずか24歳で世を去った。先代千円札の夏目漱石は49歳で没している。いたずらに馬齢を重ねている我が身からすると、昔の人は短期間になんと中味の濃い人生を送ったものかと感心してしまうのだ。

　啄木もすごい。彼が世を去って100年以上になるが、貧窮と病苦にさいなまれながらの27歳の死であった。その晩年に書いた「時代閉塞の現状」という評論は、まさしく今の日本にそっくりあてはまる卓見だと思う。啄木が暮らした跡を追いかけながら、その時々に感じたことを気楽につぶやいてみようと思う。

　学齢前に入学した「神童」
　啄木は1886（明治19）年2月20日、父一禎、母カツの長男として岩手県南岩手郡日戸村（現・盛岡市玉山区日戸）の曹洞宗常光寺に生まれた。2人の姉がいたが、父は長男の誕生を喜び自分の名から「一(はじめ)」と命名した。

　当時は僧籍にある人は、妻の正式な入籍を遠慮するのが普通だったため、母カツの私生児として啄木は小学校2年まで「工藤一」だった（明治25年9月に母子は石川家に入籍。なお同年の生まれに谷崎潤一郎や萩原朔太郎がいる）。

　翌年、啄木の一家は父の転住のため隣りの渋民村（現・玉山区渋民）の宝徳寺に移る。満1歳から17歳までの青春時代をここで過ごした。現在の宝徳寺には「啄木の間」が保存されている。寺の近くでよく啄木鳥(きつつき)が鳴いたそうで、これが彼の筆名となった。

　かにかくに渋民村は恋しかり／おもひでの山／おもひでの川
　啄木は学齢の1年前、6歳で渋民尋常小学校に入学、卒業成績は首席で、

村人は神童と噂したという。昔から「十で神童、十五で才子、ハタチ過ぎればただの人」という。啄木がハタチ過ぎてただの人になったとは言わないが、幼少時の神童意識は多分に彼の性格形成に影響したのではないかと思えるのだ。

啄木の母校であり、後に彼が代用教員として1年間勤務した渋民尋常小学校の校舎は、現在啄木記念館の敷地内に移築保存されている（写真左側の建物）。

右側に移築されたのは啄木の一家が住んだ斎藤家の借家。たった1年間の代用教員生活だったが、彼は日本一の代用教員を自負しており、この家の2階で小説『雲は天才である』を執筆した。

啄木記念館に移築された校舎（左）と斎藤家

文学への目覚め

1898（明治31）年、満12歳の啄木は県立盛岡中学校に進学、上級生に金田一京助がおり、その指導を受けて文学への関心を深めた。与謝野鉄幹・晶子夫妻の『明星』を愛読し、「新詩社」の社友となる。

それにしても金田一が、自信過剰で甘ったれだった後輩の啄木に終生注いだ愛情と援助はハンパではない。それだけ啄木には、周囲に迷惑をかけても許されてしまうような魅力があったのかもしれない。

もっとも、金田一京助という著名な国語学者は、弟子が辞書を出すと聞くと中身もみずに「金田一京助監修」と銘打って「自分の名前が役に立つ

なら」とすましていたそうだから、底抜けのお人好しだったのだろう。

ある時、弟子の結婚式で披露宴会場に遅れて赴いたが、主賓のはずなのにどこにも空席がない。やむなく末席の空いたところに座ったがどうも人びとの話が通じないのでボーイに尋ねたら「その方の結婚式なら昨日すみました」。

盛岡中学在学中の啄木は、好きなことには熱中するが嫌いなものには徹底して背を向けるからしばしば落第点、カンニングがばれ、卒業直前に中途退学している。

　不来方(こずかた)のお城の草に寝ころびて／空に吸はれし／十五の心

は盛岡城跡に歌碑があるなかなかいい歌だと思うが、

　己が名をほのかに呼びて／涙せし／十四の春にかへる術なし

となると、啄木のナルシシズムも相当なものだ。

中学時代の啄木で見逃せないのは堀合節子との恋である。中学2年、満13歳で女学生だった節子を知り、20歳で結婚した。この年啄木は処女詩集『あこがれ』を出版したが、金策に走りまわっていた彼は当日、仙台で友人と遊んでいて結婚式に間に合わず、そのため新郎が不在の婚礼という前代未聞の挙式だった。

「啄木新婚の家」前に立つ我が古女房

34

新婚の家には啄木夫婦と両親、妹のミツ（光子）の5人で住んだ。わずか3週間で転居したが、旧盛岡市内に残る啄木関連の建物としては唯一のものである。

北海道放浪

　新婚の家に両親が同居した理由は、父一禎が宗費の滞納から宝徳寺を罷免（ひめん）されたためである。その後、紆余曲折はあったが、住職への復帰はかなわなかった。そのため経済的貧窮から一家離散の境遇に立ち至る。

　1907（明治40）年5月、渋民尋常小学校の代用教員を辞め、妹光子を伴って北海道に渡る。光子は小樽の義兄のもとへ。啄木は函館弥生尋常小学校に代用教員の職を得て、やがて青柳町の住まいに妻子と母を迎えた。

　函館の青柳町こそかなしけれ／友の恋歌／矢ぐるまの花

　住居跡に近い函館公園にあるこの歌碑は、各地の啄木歌碑の中でも出色の出来と言われる（1953年建立）。当地の文学仲間「苜蓿社（ぼくしゅくしゃ）」の面々と文学や人生を語り合う青春の日々だった。

　代用教員の傍ら8月には『函館日日新聞』の記者となり、文壇・歌壇などの担当となった矢先の下旬、函館大火で学校も新聞社も焼け、小説『面影』の原稿も焼失した。

　火災後、しばらくは学校の再建を手伝ったが、4か月余の函館での生活を終え札幌へ出た。友人の世話で北門新報社に校正係として入社し、市内に下宿して「北門歌壇」を起こしたが2週間で退社し、小樽へ赴いた。

　小樽では『小樽日報』の創刊に参画。詩人・野口雨情とともに三面を受け持ったが、社内の内紛で事務長と争い、年末には憤然として退社してしまった。

　私の「追っかけ旅」も函館、札幌、小樽と啄木の放浪のあとをたどっている。函館では大火のため、市が建てた「居住地跡」の説明板があるだけだ。札幌でも新聞社の跡や短期間の下宿先などを尋ね歩いて、観光案内が勧める名所旧跡には目もくれない。

　小樽では小林多喜二関連の場所も訪ね、夜は寿司屋「多喜二」へ。特にうまい店というわけでもないが、多喜二ファンの客が多いという、ネーミ

ングの勝利。

年の暮れは哀れだった。日報社からの給料は前借を引くと10円60銭、帰途はがきと煙草を買ったら8円余り残ったが、これでは年を越せない。次つぎとくる債鬼（掛取り）を「あとで」と追い返し、妻節子の帯や母子の衣類数点を質に入れて4円50銭を得た。「之を少しづつ頒ちて掛取を帰すなり。さながら犬の子を集めてパンをやるに似たり」と日記に書いている。自分で借りた借金を返すのに、犬の子にパンをやるようだ、というのだから自虐的ユーモアの極致。

釧路市民に愛されて

年が明けて1908（明治41）年元日の日記には、年末の借金苦を受けて「此驚くべき不条理は何処から来るか。云ふ迄もない社会組織が悪いからだ。悪社会は怎すればよいか。外に仕方がない。破壊して了はなければならぬ。破壊だ、破壊だ。破壊の外に何がある」と書いている。

4日には友人に誘われて社会主義演説会に出かけた。弁士は添田平吉（啞蝉坊）、西川光二郎ら。当日の日記に「今は社会主義を研究すべき時代は既に過ぎて、其を実現すべき時代になって居る。尤も此運動は、単に哀れなる労働者を資本家から解放すると云ふでなく、一切の人間を生活の不条理なる苦痛から解放することを理想とせねばならぬ」とした。

これ以前の啄木の日記は、多くは身辺雑記、それもかつての神童意識をひきずった自己愛と他人を無能と決めつけたりする記述が多かったのが、このころから急速に社会の矛盾に目を向けるようになっていく。それも多分に己の才能が周囲から正当に評価されず、なぜにかくも貧乏なのかの怒りから発しているのだが……。

1月中旬、一家の窮状をみかねた小樽日報編集長の世話で、日報の白石社長が釧路で発行している釧路新聞に就職することになり、単身釧路に赴いた。再建された釧路新聞社屋の傍ら、釧路川のほとりに啄木の像が夜霧にかすんでいた。

ここでの啄木は才筆を存分に発揮して編集長格、取材も兼ねてだが、夜な夜な料亭で痛飲している。そこで馴染んだ芸妓が小奴、当時18歳。

釧路川畔で夜霧にかすむ啄木像

　小奴といひし女の／やはらかき／耳朶（みみたぶ）なども忘れがたかり
　『一握の砂』には小奴を歌った14首がある。小奴（本名・坪じん　のち近江じん）はのちに母の経営した近江屋旅館を継いだが、今その跡地は保険会社になり、前に記念の歌碑がある。くしろバスの停留所名は「小奴の碑」。全国にバス停の数がいくつあるか見当もつかないが、芸者の名を冠したバス停は他にないのではなかろうか。
　とにかく、釧路市民が啄木を愛し誇りにしていることは歌碑の多さ（25基）からも明らかである。小奴が出ていた料亭「鶴寅（しゃもとら）」跡や下宿跡などを巡っていればとても釧路湿原などはみる暇がない。

　激動の東京へ
　ずいぶん勝手気ままに過ごしていた啄木も、さいはての地の新聞記者で終わる気はさらさらなかった。
　4月、家族を函館に残し、1年足らずの北海道生活を切り上げて海路上京する。東京での生活は全面的に先輩の金田一京助に頼ることになった。
　東京での啄木の足跡は、最初の上京（盛岡中学中退後、たちまち父に連れ戻された）の時も含めてほぼ現在の文京区（1947年の合区以前は本郷区と小石川区）に集中している。それ以外となると、校正係として勤めた

朝日新聞社が当時は京橋区滝山町（現・中央区銀座西）にあったのと、死後葬儀の行なわれたのが、詩友・土岐哀果（善麿）の生家である浅草の等光寺だったことくらいである。もちろん彼が住んだ家の多くは戦災で焼失し、今はその場所を示す案内板があるにすぎない。

　最初に住んだのが旧本郷菊坂町（現・文京区本郷五）の赤心館というところである。念願の創作にとりかかり、1か月で小説5編を書き上げたがさっぱり売れない。収入はなく、下宿料を催促されて金田一京助に助けられ、旧森川町（現・本郷六丁目）の蓋平館別荘に移った。ここでは森鷗外が指導して創刊した文芸雑誌『スバル』の発行名義人となり、北原白秋、木下杢太郎、吉井勇などが出入りした。今は太栄館という旅館になっており、玄関脇には「石川啄木由縁の宿　東海の小島の磯の……」の歌碑がある。

　同郷の先輩の厚意で朝日新聞社に校正係の定職を得ると、9か月後、本郷弓町の喜之床という新築間もない理髪店の2階二間を借り、久しぶりに家族そろっての生活がはじまった。小説の才能に見切りをつけたか、ふたたび盛んに短歌を作るようになる。

　はたらけど／はたらけど猶わが生活楽にならざり／ぢつと手を見る

は、喜之床の2階から滝山町の新聞社に通勤する日々、

　二晩おきに夜の一時頃に／切通しの坂を上りしも―／勤めなればかな

　月給25円（当時、大卒の銀行員の初任給は約40円）では五人家族の生活を支えるには苦しかった。二晩おきの夜勤後は終電にも間に合わず、湯島天神横の切通坂をとぼとぼと上る啄木である。夜勤をすれば一晩1円になった。

　春日通りに面した喜之床は道路の拡幅で取り壊されることになり、愛知県犬山市の明治村に移築された。今、本郷二丁目では理髪店・喜之床の子孫が「理容アライ」を営んでいる。

明治42・43年の日記

　筑摩版『啄木全集』全8巻のうち、5巻・6巻の2冊が日記にあてられている。啄木は死後日記を焼却するよう節子に命じたが、妻は夫の遺命に背いて保存、後に義弟の宮崎郁雨がそのほとんどを函館図書館に寄贈した。

公刊されたのは戦後になってからである。

　東京での記述で不思議なのは、函館弥生尋常小学校の女教師で啄木が秘かに思いを寄せていた橘智恵子（すでに結婚して北村姓）やその母と文通していること。さらには釧路の坪じん（小奴）とはひんぱんにやりとりしているが、2月25日の日記に「羽織を質におき、古雑誌を売って、坪仁子及び堀田秀子へ電報をうつた」とある。

　堀田秀子は渋民尋常小学校代用教員時代の同僚だが、どうやら金の無心をしたらしい。翌26日、「……帰つてくると仁子から電報二〇デンカワセ云々、予は感謝する——」とあって、電報為替で20円が送られてきたのだった。電車賃がなくて新聞社に出勤できず、友人から1円借りたりしている。釧路で馴染んだ小奴は4歳年上の啄木の才能を信じ、求められればこうして無償の援助をしていたのである。

　大逆事件を受けて

　1910（明治43）年は「大逆事件」が起り、啄木の思想に大きな変化を生じた年だが、家庭的なトラブルもあって日記は4月以降書かれていない。ただし翌年の「当用日記補遺」には、前年の重要記事として「六月——幸徳秋水等陰謀事件発覚し、予の思想に一大変革ありたり。これよりポツポツ社会主義に関する書籍雑誌を聚む」とある。

　事件以後、彼の短歌や詩に「革命」の語やもともと批判的だったテロリストへの共感がうたわれている。

　そしてこの年、評論「時代閉塞の現状（強権、純粋自然主義の最後及び明日の考察）」を書く。この稿は生前には発表されず、1912（大正2）年、友人の土岐哀果（善麿）により『啄木遺稿』として日の目をみた。全文は1万字に近い長大なものだが、その一部を紹介したい。

　「見よ、我々は今何處に我々の進むべき道を見出し得るか。此處に一人の青年が有つて教育家たらむとしてゐるとする。彼は教育とは、時代が其一切の所有を提供して次の時代の為にする犠牲だといふ事を知つてゐる。然も今日に於ては教育はたゞ其「今日」に必要なる人物を養成する所以に過ぎない。……若しそれ以外の事をなさむとすれば、彼はもう教育界にゐ

る事が出来ないのである。又一人の青年があつて何等か重要なる発明を為さむとしてゐるとする。しかも今日に於ては、一切の発明は実に一切の労力と共に全く無価値である——資本といふ不思議な勢力の援助を得ない限りは」。

まさに現代の文教政策と産学共同の姿である。

「斯くて今や我々青年は、此自滅の状態から脱出する為に、遂に其『敵』の存在を意識しなければならぬ時期に到達してゐるのである。それは我々の希望や乃至其他の理由によるのではない、実に必至である。我々は一斉に起つて先づ此時代閉塞の現状に宣戦しなければならぬ。自然主義を捨て、盲目的反抗と元禄の回顧とを罷めて全精神を明日の考察——我々自身の時代に対する組織的考察に傾注しなければならぬのである」。

大逆事件関係の記録を整理していた頃、結核が進み療養のため理髪店・喜之床から小石川区久堅町に転居したが、1912（明治45）年4月13日、父一禎、妻節子、友人若山牧水にみとられながら永眠した。27歳の若さであった。前月に死んだ母と同じ肺結核。妻も同じ病気のため翌年、28歳の若さで函館で亡くなった。夫の才能を信じ、貧苦と義母とのいさかいに苦しみながらひたすら耐えた一生だった。

啄木一族の墓は義弟・宮崎郁雨が大正15年に建立した

啄木一族の墓は函館の立待岬に至る道筋にある。表に『一握の砂』の冒頭歌（東海の……）を刻み、裏面には義弟宮崎郁雨宛ての書簡の一節「……何処で死ぬかは元より解ったことではないが、僕は矢張死ぬ時は函館で死にたいやうに思ふ……」と彫られている。

墓地から東を眺めれば海をへだてて函館の市街地やかつて砂鉄を採ったという大森浜方面が望める。

砂山の砂に腹這ひ／初恋の／いたみを遠くおもひ出づる日

それにしても石川啄木とは不思議な人だと思う。わがままで気位ばかり高く、好きな勉強はやるが嫌いな科目には背を向けるから盛岡中学も卒業できず、正式な学歴は中学中退だった。そのくせ子どものころ「神童」といわれた思いがあって周りが愚かにみえるから、ようやく得た職場も長続きしない。

金にルーズなことこの上なしで、貧苦にあえぎながら借金しての浪費、女遊び……。よく先輩や友人、なによりも妻の節子、義弟・宮崎郁雨が愛想尽かしをしなかったものだと驚く。

しかし、でたらめ一方にみえながら、啄木はまじめで一本気に前を向いて生きたのだと思う。大逆事件に憤り、秘かに借り出した裁判関係書類を夜を徹して書き写すなどは、まじめでなければできることではない。

彼の歌は、おのれの弱さもふくめ貧しさも病苦も赤裸々にさらけだしながら「絶望」は歌わない。「こころよく　我にはたらく仕事あれ……」であり、「なんとなく　今年はよいことあるごとし……」なのである。絶望からは決して「明日の考察！」の叫びは出てこない。

没後100年を超えて今なおファンが絶えないのは、彼の作品、とりわけ短歌の中に、弱さや矛盾、怒りや願望もふくめて、読者は自分自身をみつけ重ね合わせているからではないだろうか。甘えやナルシシズムまでも「わかる、わかる」「わたしだってそうだ」の思いがあるのだろうと思う。

啄木の日記を精読しているというドナルド・キーンをはじめ、国際啄木学会に集う外国人ファンが多いのも、啄木の中に「現代人の苦悩」を読み取っているからにちがいない。

41

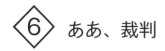
⑥ ああ、裁判

　昔から新聞記者の心得のイロハは「犬が人間に噛みついても記事にならないが、人間が犬に噛みつけば記事になる」だった。

　めったに起こらないというより「ありうべからざる」できごとこそ、報道する価値（ニュースバリュー）があるという意味である。

　悪いことをした人間を捕まえるはずの警察官が、逆に取り押さえられるという事件が起こった。昨今は警察官が逮捕されるのも珍しくないという困ったご時世であるが、今から120年も前に滋賀県滋賀郡大津町（現・大津市）で起きた、世に「大津事件」と呼ばれる驚天動地のできごとである。

　1891（明治24）年5月11日、シベリア鉄道起工式出席のついでに日本訪問中のロシア皇太子ニコライ（のちのニコライ2世）と同行していたギリシャのゲオルギオス王子（皇太子の甥）が、人力車で大津町内を通行していた。

　沿道で警備にあたっていた警察官の津田三蔵に2人はサーベルで斬りつけられてしまったのである。津田三蔵は人力車から飛び降りて逃れようとするニコライをなおも追ったが、人力車夫二人に阻まれたため、皇太子殺害は果たせなかった。

　大津事件の現場

　大津事件の現場をみたいと、東海道本線大津駅に降り立ったのは10年近く前のことである。道行く人に大津事件の現場と尋ねたが、みなさん「知りません」という返答。4人目でようやく教えてもらった。高校の歴史教科書には必ず載っている明治日本の大事件なのに。

　ようやくたどり着いた京町通りには古い町並みが残り、写真左手の標柱に「此附近露國皇太子遭難之地」とある。

　津田巡査は大まじめに、ロシア皇太子の日本訪問はやがてロシアが日本に攻め寄せるための敵情視察と考え、ロシア皇太子を生きて帰らせては危ない。ならばたまたま警護の任について、ロシア皇太子の傍にいる自分が……というわけだった。

京町通り（左端に「遭難之地」の標柱）

　しかし、めざす相手の頭部に斬りつけて負傷させたものの、あえなく2人の人力車夫に取り押さえられて皇太子を死に至らしめることはできなかった。すなわち罪状は謀殺未遂で殺人ではない。

　遭難地の標柱の傍らの壁に、地元の「まちなか元気回復委員会」なる団体が作った説明板がはめこまれていた。そこには「当時ロシアは強大国で、日本は近代国家として発足したばかりで弱小国のため、国民を不安のどん底におとしいれた」とある。
　当時の松方正義首相（第4代・薩摩藩）はふるえあがった。内閣は成立後5日しか経っておらず、しかも伊藤博文（初代・長州藩）や山縣有朋（3代・長州藩）ら黒幕に支えられて成立したので、世間は「黒幕内閣」と噂するほど不安定な政権だったため、極東最大の陸軍を擁するロシアが皇太子襲撃に怒って攻め寄せれば日本はひとたまりもない。
　天皇は京都で治療にあたる皇太子に謝罪のため勅使を派遣し、翌日にはみずから京都に見舞い、帰国する皇太子を送って神戸まで同行した。責任者の処分として滋賀県知事や警務部長は免官、外相・内相・法相が辞任した。
　一般国民が津田三蔵巡査を恨み憎んだのはいうまでもない。山形県金山村では急ぎ村会を開き、次のような条例を可決した。

第一条　本村住民は津田の姓を付するを得ず

第二条　本村住民は三蔵の名を命名するを得ず

金山村のような小さな村までこの事件に震え上がったのである。

お手柄！「帯勲車夫」と人の心

人の運命とはわからぬものである。とっさに津田巡査を取り押さえて、皇太子に致命傷を負わせるのを防いだ2人の人力車夫は国民的英雄に祭り上げられた。

政府から勲八等白色桐葉章と年金36円をもらい、ロシア側からは勲章と賞金2500円、年金1000円を贈られた。日雇い労働者の賃金が18銭（100銭が1円）だった時代の話である。

あとで1人は窃盗、賭博等の前科があることがわかったが、いまさら勲章を取り返すわけにもいかず、世に「帯勲車夫」とうたわれ、女性たちからのファンレターが殺到した。

「このたびのお働き万人の及ばぬ御勇気のほど、御優しく存じあげ候。かつまた莫大の御褒美は当然のことにて、いま少し御頂戴なされてもしかるべきことと存じ候ほどにござ候。妾どもいまだお目もじは致さず候えども……チト御保養がてら東京へお遊びにお出で下され候わば、妾どものうれしさは一方ならず、あるほどの限りお慰め申しあげて、月は嵐山のみならず東都八景残りなく御案内申しあぐべく候」とは、赤坂芸者数人から連名の手紙だった。

思いがけず英雄に祭り上げられた2人のうち、前科のあった向畑治三郎はその後、バクチと投機で大金もすっかり使い果たし（日露戦争で年金は停止）、晩年は罪を犯して勲章も剥奪され、獄につながれたという。

もう一人の北賀市市太郎は郷里石川で郡会議員にまでなったが、ロシアとの戦争がはじまると、ニコライを助けたことで露探（ロシアのスパイ）呼ばわりされ、村八分の目に遭ったというから、人心の移ろいやすきこと尋常ではない。

なにがなんでも津田に死刑を

さて政府が困ったのは津田三蔵の処置である。ロシアの怒りを鎮めるためには極刑をもって臨むしかないと考える一方、彼を〝狂人〟にしようとする案もあった。狂人となれば彼の罪を問えないのは昔も今も同じであって、当時の政府の右往左往ぶりが伺われる。

その罪状や与えた影響から、津田巡査は死刑しかあり得ないという考えが一般的だったが、立ちはだかったのは近代国家における「罪刑法定主義」の壁であった。

すなわち、彼の行為は、殺意を持ってロシア皇太子を襲ったが、相手は負傷にとどまり死には至らなかった。これは刑法にいう「謀殺未遂罪」にあたり、最高刑は無期徒刑(懲役)で、死刑という結論は出てこない。

そこでひねりだされたのは相手が皇太子なんだから、この際「大逆罪」を適用できないかという意見だった。1882(明治15)年施行の刑法第116条に「天皇三后皇太子ニ対シ危害ヲ加ヘ又ハ加ヘントシタル者ハ死刑ニ処ス」とある(1908年施行の現行刑法では第73条、1947年に不敬罪などとともに削除された。なお三后とは皇后と皇太后=天皇の母および太皇太后=天皇の祖母のこと)。

児島大審院長は「護法の神様」か?

松方首相は大逆罪の適用を主張したが、真っ向から反対したのは大審院長・児島惟謙(これかた・いけん)であった。刑法116条の大逆罪は日本の皇族に対する規定であり、ロシア皇太子に適用すれば世界中のすべての皇族にもあてはまることになる。

たとえ政府にいかなる都合があろうとも、それによって司法をねじまげることは許されぬとして、津田三蔵を謀殺未遂罪で裁くよう主張したのである。

大津地方裁判所で行なわれた審理の結果、被告人・津田三蔵は謀殺未遂罪で無期徒刑の判決を受けた。これをもって大津事件は、立法府や行政の側からの圧力をはね返し、司法権の独立を護った輝かしい事件として歴史の教科書に載せられている。

「ヘェ、こんなところに……」なんでも写しておく

　この写真は10年ほど前に高野長英の追っかけ旅で愛媛県宇和島に出かけた際、宇和島城近くで偶然みかけた「児島惟謙誕生地」に立つ銅像である。

　ところで、大審院長の児島惟謙は本当に司法権の独立を護った護法の神といえるのだろうか。
　この事件は大津地方裁判所で、大審院から派遣された堤裁判長係りで開廷された。決して児島自らが担当した事案ではない。しかし児島は一貫して津田の謀殺未遂罪と無期徒刑を主張し続けたのである。
　司法権の独立とは、立法や行政府からの圧力に屈しないだけでなく、司法内部にあっても判決はあくまで担当した裁判官の自由心証によって書かれるべきものである。それを大審院長という地位にある者が、裁判の結論部分について指示に類する発言をすることは、これまた司法権の独立を侵すことになりはしないか。最近ではこうした見方が有力になってきたようだ。

明治期「司法権の独立」と現在

　「大津事件」のてん末を長々と書いてきた。しかし「昔々、こんなことがありました」と、過去の事実を開陳することが本稿の目的ではない。では日本国憲法体制の下で、大審院の後身である最高裁判所の現状はどうか？

最高裁判所は、1947年5月3日の日本国憲法施行と同時に創設されたが、しばらくは霞ヶ関にあった旧大審院の建物を利用する形でスタートした。
　現在の庁舎は、千代田区隼町に3年近い工期と126億円の費用を投じて1974年に竣工した。江戸時代には三河・田原藩三宅氏の上屋敷だったところで、永田町と接する南の坂が三宅坂である。37,000平方メートルの敷地に地上5階、地下2階の建物がそびえる。
　設計は公募で行なわれ、茨城県のみかげ石（花崗岩）を使用。コンセプトは「品位と重厚」らしいが、私にはどうも「権威と重圧」にみえてしまう。
　外観は立派だが、かんじんの「司法権の独立」の方はどうだろう。

最高裁の敷地内は田原藩士・渡辺崋山の誕生地だ

砂川事件判決

　東京都北多摩郡砂川町（現・立川市）にあった米軍基地の拡張に反対する地元農民に、支援する労組・学生が加わって激しい「砂川闘争」が展開されたのは1955（昭和30）年からである。
　測量を強行する調達庁に対し、阻止しようとするデモ隊の一部（多くは学生）が、数メートル基地内に立ち入ったとして逮捕されたのが「砂川事

件」である。安保条約（旧）・行政協定に基く刑事特別法違反で7名が起訴された。

1959年3月30日、東京地裁・伊達秋雄裁判長が下した判決は全員無罪。理由は「米軍の駐留は戦力不保持を定めた憲法九条に違反しており、刑事特別法は無効」。これには日米両政府ともビックリ仰天。控訴審、上告審と順序を踏めば、1960年に予定している安保条約改定に間に合わない。そこで高裁を飛び越え、最高裁に「跳躍上告」した。大急ぎで最終結論を導こうする非常手段であった。

アメリカにひれ伏す最高裁長官

この数年、アメリカの国立公文書館に保存されている文書の機密指定が解除され、研究者やメディアの分析でこの間の事情が明らかにされてきた。①東京地裁判決を受けてマッカーサー2世（マッカーサー元帥の甥）米大使が藤山外相に「跳躍上告」を促す外交圧力をかけたり、田中耕太郎最高裁長官とも密談している。
②田中長官はマッカーサーに「伊達判決は全くの誤り」として、最高裁で速やかに原判決破棄、差し戻す方針を示唆している。
③田中長官は米公使に「世論に影響するような少数意見が出ることを避け、全員一致の評議となることを願っている」と語った。

憲法学者の水島朝穂教授（早大）は、ブログで「司法権の独立を揺るがすもので、ここまで対米追従がされていたかと唖然とする」とコメントしている。

田中長官が見通しで語ったとおり、1959年12月16日の最高裁大法廷は全員一致で原判決破棄の判決を下した。理由は「憲法九条は、わが国がその平和と安全を維持するために他国に安全保障を求めることを、何ら禁ずるものではない」、つまり、米軍が国内に駐留することは憲法九条に違反しないとしたのである。差戻し審では7人の被告に罰金各2000円の有罪判決があり、被告の上告は棄却されて有罪が確定した。当然ながら、ここで問題にされているのは「個別的自衛権」であり、いわゆる「集団的自衛権」は問題にもされていない。

2015年、閣議決定によって従来の憲法解釈（憲法上許されるのは専守防衛の個別的自衛権であって、集団的自衛権は認められない）を強引に覆してしまった。憲法学者の圧倒的多数が「違憲」と主張するのに対し、与党は「集団的自衛権は砂川事件最高裁判決によって認められている」と強弁するのである。およそ裁判において、争点にもなっていない事柄に判決が触れるとはありえないのであって、法律の素人ならともかく、弁護士資格を持つ与党の当事者が知らないはずがない。

　最高裁長官・田中耕太郎という人物は、冤罪の疑いの強い事件で裁判批判が高まったとき、全裁判官に「雑音に耳を傾けるな」と訓示して、外部からの批判を拒絶した。

　田中長官は国際司法裁判所判事、日本学士院会員、文化勲章受賞、勲一等旭日桐花大綬章、没後、大勲位菊花大綬章を受賞するなどしている。退官後、『東京新聞』に寄稿し「独立を保障されている裁判所や裁判官は、政府や国会や与野党に気兼ねする理由は全然ない」と書いた。アメリカの機密文書が明らかになったとき、同紙のコラム「筆洗」は「厚顔とはこのような人物をいう」と痛撃している。

　誰もが最高裁判所裁判官の国民審査などナンセンスだと感じているのだがさてどうしたものか。ここはやはり「もっと司法に関心を！」しかないのだろうか。

49

⑦ 真実は壁を透して（松川事件）

　敗戦から4年後の1949（昭和24）年8月17日、午前3時9分ごろ、東北本線金谷川・松川間のカーブ（福島県信夫郡金谷川村＝現・福島市松川町金沢）で青森発上野行きの上り旅客列車が脱線し、蒸気機関車は転覆して機関士と機関助士の計3名が死亡した。

　調べると、レールをつなぐ継ぎ目板がはずされていた。そのためにはたくさんのナットを緩め、ボルトを引き抜かなくてはならない。そのうえ、レールの一本は、枕木に固定する犬釘を抜かれ、無傷のまま13メートルも移動していた。これは明らかに事故ではなく、複数犯による線路破壊行為が原因の事件であった。

　現在では事件現場を上り列車が通ることはない。当時は単線だった東北本線も1950年代後半には複線化されて、上り線は東側に新たに敷設された。傍らに建つ「殉職之碑」は犠牲になった3人の乗務員慰霊のため、翌年春の彼岸に福島第一機関区職員一同が建立した。なお、中央奥にみえる「松川の塔」については後述する。

「松川事件」の現場と乗務員の慰霊碑

　遠く離れた東京では

　翌日の18日、吉田内閣の官房長官増田甲子七は記者会見で「今回の事件は今までにない兇悪犯罪である。三鷹事件をはじめ、そのほかの各種事件と思想的

底流に於いては同じものである」と語った。

　事件発生の翌日で本格的捜査もはじまったばかりだというのに、現場から260キロ以上離れた東京で政府高官が事件の全体像について断定するという、これ以上ない予断と偏見に基づく発言だった。

　しかし、マスコミはなんの疑念も持たずに報道し、大方の国民も国鉄を舞台に続発していた怪事件と並べて左翼勢力・国鉄労働組合や共産党の仕業と思い込まされていた（中学生だった私も）。なにせ、東西冷戦の激化とともに、アメリカと日本政府はともに反共政策へと舵を切った時代である。

　見込み捜査と自白強要と

　現地の警察も、官房長官発言と符節を合わせるように組合関係にねらいを定めた。突破口にしたのは、一時期国鉄で働いていたちょっとヤンチャなＡ少年の別件逮捕であった。

　多くの冤罪事件同様、密室での長時間に及ぶ取り調べはウソとおどしで被疑者を追いつめていく。よく「やってもいない人間がなぜ一度は自供したのか」との声を聞くが、Ａ少年の自白に至る過程を知れば、おそらくはその疑問も氷解するだろう。「取調べの全面可視化」こそが冤罪事件を防ぐ決め手だと考える。

　逮捕から11日後、身に覚えのない列車転覆の犯行を認めさせられたＡ少年の口から次つぎと知っている、あるいは聞いたことがある国鉄労働者（多くは組合役員）の名前が警察に告げられていく。とたんに被疑者に対する扱いは一変し、カツ丼が出され、はじめて許された風呂では署長がＡの背中を流したという。

　国鉄だけでなく、松川駅の近くにある東芝松川工場でも人員整理をめぐって労使対立が続いていたが、ここの組合幹部にも逮捕の手が伸びる。なお、松川工場はその後、東芝の子会社化して現在は北芝電機㈱となっている。

　約1か月間にわたって国労組合員10名と東芝松川工場関係10名の計20名が逮捕、起訴された。

取り調べにA少年同様、数名はいったん「自白」するが、公判廷では全員が否認、警察・検察の不当な取り調べを主張する。

松川駅近くの北芝電気株式会社（当時は東芝松川工場）

福島地裁の判決と作家たちの支援

1950年12月、福島地裁は20名の被告人に対し死刑5名を含む全員有罪の判決をくだした。ほとんど検察官主張と変わらぬ認定だった。

被告団はただちに控訴し、さらに以前にも増して獄中からの無実の訴えを強化した。その一つが被告の手記『真実は壁を透して』の刊行だった。そして『真実は壁を透して』を宇野浩二、広津和郎という二人の小説家が目を留めたことが大きく世論を変えていく。

二人の作家は仙台拘置所で被告たちに面会し、控訴審を傍聴して有罪判決への疑問を深めていく。宇野は『文藝春秋』1953年10月号に「世にも不思議な物語」を掲載し、広津は『中央公論』の同月号に「真実は訴える」を発表した。

事件の公正判決を求める声は労働者だけでなく、宇野、広津のほかに志賀直哉、川端康成、吉川英治、武者小路実篤というそうそうたるメンバーの連署による仙台高裁鈴木裁判長あての手紙が雑誌『世界』に掲載されている。

支援活動の本格化

1953年12月、仙台高裁の第二審判決が下された。3人が無罪になったが大半は一審が維持され、死刑4名、無期2名、15年〜3年半の懲役11名だった。ただちに上告し、舞台は最高裁へと移されることになった。

当時の新聞論調は、被告を弁護してきた作家たちに対し「法律には素人の文士が裁判に余計な口出しをして……」と、冷笑する調子のものが多かった。

しかしこれ以後、被告人とその家族、救援会、労組などによる無実の訴えが世論を動かしていく。とりわけ広津和郎は『中央公論』誌上に「松川第二審判決批判」（のちに単行本化する際に『松川裁判』と改題）を連載した。1954年4月号から58年10月号まで4年余にわたった連載で、筆者は予断と推測を避け、第二審判決文と法廷に提出された調書・供述書・録取書の文体のみを批判の対象とした。

正確な日時の記憶はないが、私はこのころ大学で彼の松川事件に関する講演を聴いた。早稲田の文科卒業の広津和郎を後輩たちの学生自治会が招いたものであろう。文学部校舎（4号館）の一番広い410番教室があふれんばかりの盛会だったことを憶えている。

公正裁判を求める声の高まりを「雑音」と決めつける田中耕太郎最高裁長官の批判をよそに、「松川守る会」への参加団体は1000を超え、現地調査も頻繁に行なわれた。

「無罪」の証拠を検察が隠す

上告審が進むなかで最大の転機になったのは「諏訪メモ」の存在が明らかになったことである。

当時、争議中だった東芝松川工場では団体交渉が行なわれていたが、そこに中央から派遣されていた組合役員のSが発言している様子を会社の諏訪総務課長が克明に記録していたものである。

検察側の犯行への見立てでは、その日その時刻に福島市内で国労側と東芝側とで列車転覆の共同謀議が行なわれ、Sも謀議に加わっていたことになっていた。1人の人間が同時に2か所に存在することはあり得ない。「諏

訪メモ」をみれば、共同謀議そのものは消えてなくなり、線路破壊による列車転覆は成り立たなくなる。検察官は明らかにＳ被告の無実を証明する証拠を会社から押収しながら隠匿し、その結果、一・二審ともＳ氏に死刑の判決が下されたのである。

「いったん起訴した以上、被告人が無罪になっては検察の威信にかかわる。なにがなんでも有罪に」という検察の考え方は、単なる冤罪ではなく「権力犯罪」である。

線路破壊の実行行為者の一人とされたＴ被告は、事件当夜はずっと家で寝ていたと妻が証言していたが、家族の証言は証拠能力がないとして取り上げず、夜中に密かに抜け出して転覆現場まで往復したことにされた。

「若し検事並びに原判決の理屈が通るなら、夫婦の者は夜寝る時、夫婦の間に警官を寝かせて置かなければならない」というある被告の言葉を広津の『松川裁判』は紹介している。

1959年8月10日、最高裁大法廷は「原判決を破棄し、仙台高等裁判所に差し戻す」と判決した。

この日、私は教員1年目の夏休みで顧問をしていたバレー部の合宿中だった。判決言い渡しの時刻、練習を休んで宿直室にあるラジオを聞きに行ったが、1学期中の授業で私の松川論？を聴いていた生徒たちが一緒に来て「先生、よかったねえ」と、喜んでくれた。

完全無罪判決と後日談

無罪判決要求松川大行進が東京と青森から仙台に集中する中、1961（昭和36）年8月8日、差し戻し審で門田実裁判長は「全員無罪」の判決をいい渡した。しかもその内容は「疑わしきは被告人の有利に」の証拠不十分による灰色無罪ではなく、疑う余地のない完全無罪であり、なぜ被告人たちが一・二審で有罪とされたかが不思議、警察や検察の不当な捜査、取り調べがあったからではないかと疑わせる、いわば当局側を叱る判決理由だった。この時点での選任弁護人は272名に達していた。

検察側は再上告したが、1963年9月12日、最高裁は検察官の上告を理由なしとして棄却、ここに無罪が確定した。事件から実に14年の歳月が

経過していた。

　しかし、逮捕起訴された被告人たちが事件とは無関係だったことがはっきりしただけで、ではあの事件を引き起こしたのはだれかという出発点に戻っただけであった。真相を明らかにするため当局が再捜査をはじめることはなかったし、真犯人をめぐっては諸説あるが、すべては闇の中である。

　無罪確定の1年後、現場近くに「松川の塔」が建ち、周囲は記念塔公園となった。オベリスク型の塔の上部に「1963・9・12」と無罪確定の日付が刻まれ、広津和郎が執筆した碑文の最後には、「人民が力を結集すると如何に強力になるかということの、これは人民勝利の記念塔である」と書かれている。

　余談だが、だいぶ以前に福岡の家庭裁判所で、離婚調停中の教員が裁判所構内で妻を刺すという事件があった。加害者が現職の高校教員だというので新聞はかなり大きく扱ったが、その記事に「福岡家庭裁判所（所長・門田実）」とあるのをみてハハアと思ったものである。

　仙台高裁の平判事から福岡家裁所長への転勤は左遷ではないかもしれない。しかし、家庭裁判所は離婚や相続問題やらが仕事で、松川事件のような政治性のある事件は扱わない。門田さんは敬遠されたというのは私の勘ぐりである。

　最近では福井地裁の樋口英明判事が、関西電力・

事件現場近くの「記念塔公園」

大飯原発の運転差し止めと高浜原発の再稼働禁止を求める仮処分決定に原告住民勝訴の判決を出して名古屋家裁に転勤になった。これはあからさまな〝左遷〟であろう。

「日本の裁判では、定年間近か自身の立身出世を望まないという奇特な裁判官にしか公正な判決は期待できない」と語った元最高裁・真野毅判事の言葉を思い出してしまうのだ。

事件から64年後、元被告の人たち

無罪確定50周年の集会に

2013年10月12・13両日、福島大学を会場に「松川事件無罪確定50周年記念全国集会」が開かれたので1人で出かけてみた。

元被告のうちで元気な4人が、亡くなった元被告の家族の人たちと一緒に壇上であいさつしていた。当然ながら全員80・90歳代である。

集会のテーマは「歴史に学び、今に生かす」。会場での発言は、依然としてあとを絶たない各地での「冤罪」の訴えが多かった。

松川事件の教訓からなにを学ぶか。取り調べの全面可視化や代用監獄制度の廃止など課題は多い。

コラム1　人間の運命について

　愛知県は知多半島美浜町の野間大坊（大御堂寺）に源義朝の墓がある。

　義朝は平治の乱（1159年）で平清盛に敗れ、東国に逃れる途中この地で殺された。頼った家臣・長田忠致(おさだただむね)の裏切りにあい、風呂場で謀殺されたのである。

　まったくの無防備で襲われた義朝が「我にせめて一本の木太刀でもあらば……」と、叫んだと伝えられるところから、寺では参詣の人に木太刀の奉納を求めている。

　おかしいのは、供えられた木太刀に「合格祈願」だの「良縁に恵まれますように」などと書かれていること。千年も昔に死んだ人の運命に思いを馳せるよりも、自分の「今」の方が大切なのは当然だろう。

　なお、義朝の長男・頼朝は後に平家を倒し鎌倉に幕府を開くが、引き出された長田忠致に対して「美濃・尾張」を賜った。えっ？父の仇に恩賞？いやいや賜ったのは「身の終わり」、すなわち死罪である。

義朝の墓は木太刀に埋もれて

⑧ 寅さんの「現場」を行く

　毎度毎度堅苦しい「現場」なので今度こそ気楽な旅を、との思いで題をつけた。まずは東京都葛飾区柴又だが、その後はどこへとんでいくかは気の向くまま、風まかせなのでなんともわからない。

　渥美清（本名・田所康雄　俳号・風天）が亡くなったのは1996年、もう20年になる。しかし、相変わらずの寅さん人気、休日ともなれば柴又界隈はたいへんな賑わいだ。

　『男はつらいよ』で、おいちゃん・おばちゃんの営む草だんご屋ははじめ「とらや」だった。ところが映画の大ヒットで以前からあった「柴又屋」が「とらや」と改名。困った映画制作側が40作目から店名を「くるまや」と改めた（実際のモデルは一貫して「髙木屋老舗」）。事情を知らない若いカップルは、〝便乗とらや〟の前でピースサインなんかして写真撮影に余念がない。

日本人のやさしさについて

　1783（天明3）年の大噴火（浅間焼け）の犠牲者の供養碑が柴又の帝釈天（日蓮宗　正式名称は経栄山題経寺）の墓地にあると知って行ってみた。

　とは言っても、源公（佐藤蛾次郎）が鐘をつく帝釈天とは1キロも離れた京成電鉄北総線新柴又駅近くである。

　入り口をはいるとすぐ左手に「川流溺死之老若男女供養塔」があった（天明三癸卯歳七月十八日建立）。

　7月6〜8日の大爆発で熱泥流が上州吾妻郡鎌原村を埋め尽くし、多くの犠牲者が吾妻川から利根川や江戸川へと流されて、川岸や中洲に漂着したのである。

　もう少し下流の小岩・善養寺にも供養碑があった。下小岩村の人びとが、流れ着いた遺体を収容して寺の無縁墓地に葬り、1795（寛政7）年の13回忌には立派な供養碑を建てた。そればかりではない。1982（昭和57）年の200回忌には、善養寺の住職が「浅間山焼け供養碑和讃」を詠み碑に刻んでいる。

200年も昔の縁もゆかりもない死者に対するこのやさしさはどうだろう。秋葉原から総武線で両国、亀戸を経て東京のはずれが小岩。江戸川の鉄橋を渡れば千葉県の市川市である。

　なお、浅間山の噴火がフランス革命の一因という研究がある。成層圏まで噴き上げられた火山灰が長く太陽の光をさえぎり、日本では天明の大飢饉を引き起こしたが、ヨーロッパでも凶作が続き小麦、パンの値段が高騰、これが革命（1789）の引き金になった、とイギリスの学者が発表している。この説、「風が吹けば桶屋がもうかる」より信ぴょう性が高いかもしれない。

　ヤギリかヤキリか

　さて、柴又の帝釈天に戻り、川魚料理の「川甚」（かわじん）（夏目漱石、幸田露伴、田山花袋、林芙美子から松本清張など実に多くの文学作品に実名で登場する老舗料亭）の脇を抜けて江戸川の堤防に出る。

　旅から帰った寅さんが、のんびり寝そべったのは20年以上も昔のこと。今や休日などは自転車愛好家たちが集まってたいへんな賑わいだ。川べりに下りれば、都内に唯一残る渡船場で、その名は「矢切の渡し」。歌謡曲をヒットさせた細川たかしの字で大きな碑がある。

　この歌（1983）は細川たかしだと思っていたら、7年も前にちあきなおみがB面で歌っていた。調べてみると、男は森進一、女性は神野美伽、森昌子、藤あや子、坂本冬美、香西かおりなどがネットで聴ける。美空ひばり、島倉千代子、中森明菜などのアルバムにもはいっているらしい。都はるみは31作「旅と女と寅次郎」の佐渡の民宿で本格的な鼻歌？を歌っていたし、それこそきりがない。

　石本美由起の歌詞をだれもが「ヤギリのわたし」と歌っている（作曲・船村徹）。しかし、渡船（3〜11月は毎日、冬季は土日祝のみ　大人200円、子どもと自転車100円）で江戸川を渡れば、対岸は千葉県松戸市中矢切（なかやぎり）である。

　北に上矢切（かみやぎり）、南は下矢切（しもやぎり）、どれもヤギリと濁らない。語源は戦国時代に北条氏と里見氏との戦い（国府台合戦）で、里見方の矢が尽きて敗れたところから「矢切れ」⇒「矢切り」になったとの説が有力だ。いずれにせよ

「ヤキリの〜わたァしィ〜」では歌のパンチが効かないのだろう。

なお、矢切は伊藤左千夫の小説『野菊の墓』の舞台で、左千夫の門人で群馬郡出身の土屋文明の筆による「野菊の墓文学碑」がある。

木下恵介監督の映画『野菊の如き君なりき』(1955) は、抒情的な卵型の画面で話題になった。矢切の渡し船で若き日の民子との恋を回想する老人が御前様・笠智衆、野菊のような民さんを演じた新人女優の有田紀子は清純でかわいらしかった。余計な与太話はそろそろ切り上げて「寅さんの旅」に出なければならない。

『口笛を吹く寅次郎』

10年以上前のことだが、島根大学の教員をしている甥の結婚式で松江市に行った帰りに、伯備線の備中高梁駅で下車した。主たる目的は国内でも屈指の山城である備中松山城の天守閣に登ることだが、タクシーは臥牛(がぎゅう)山中腹の駐車場までしか行かず、そこから20分以上をスーツに革靴姿で急坂を登るのはきつかった。

途中、「登城心得」なる立札にいわく。「この辺りがちょうど中間地点である　しばし休まれよ　城主」。

壮大な石垣に囲まれた本丸からの眺めは期待にたがわぬものだったが、

備中高梁のお寺は城郭建築のよう

高梁の町に下れば、ここは寅さんの妹・さくらの夫の博の生まれた町で、しばしばシリーズに登場する山田洋次監督お気にいりの場所である。

第32作『口笛を吹く寅次郎』は、城郭のような堅固な構えの寺院群の一つ、薬師院（写真左側）でロケが行なわれた。

住職は2代目おいちゃんの松村達雄、寺の出戻り娘・朋子（竹下景子）との絶妙の間合い。シリーズの中で寅さんの相手役を4度つとめたのは浅丘ルリ子で竹下景子の3度がそれに次ぐ。それも浅丘ルリ子はリリー役で一貫したのに対し、竹下景子はすべてちがう役柄だから、いかに渥美清との相性がよかったかをうかがわせるのだ。

映画では寺を継ぐのを嫌った朋子の弟（中井貴一）が写真家にあこがれて上京を決意し、駅の公衆電話から恋人（杉田かおる）に別れを告げる。泣きながら走り踏切で電車に手を振る杉田かおる。

「この踏切はねえお客さん、駅を出た電車が松江の方へ行くときに通るんですよ。岡山から東京へ向かう方には撮影に適した踏切がなかったんで、山田監督はあり得ない場所で撮ったんです。映画作りにはこういうウソが許されるんですねェ」とは、踏切を渡ったときのタクシー運転手さんの解説だった。

二日酔いで法事に出られず、寅さんに代役をさせた住職は朋子との仲をみて、「どうだ、寅を婿養子にして寺を継がせるか？」いやとは言わない朋子。寅さんも一時はその気になって帝釈天で仏道修業をはじめるが、たちまち飽きて三日と続かない。御前様に叱られている寅さんに、おいちゃんは「これがほんとの三日坊主」。

『寅次郎夕焼け小焼け』の舞台、龍野

『男はつらいよ』全48作のうち、人それぞれ好みはちがうだろうけれど、私が好きなのは第17作の『寅次郎夕焼け小焼け』（1976）である。

舞台は兵庫県の龍野市、国宝で世界遺産の姫路城を持つ姫路市の西隣、のちに合併で「たつの市」になった。町中を揖保川が流れ、その名を冠したそうめんは全国的な販路を持つ。

タイトルの由来は童謡『赤とんぼ』の作詞者である三木露風が龍野の出

身であるところからである。国民宿舎の名は「赤とんぼ荘」だし、そこらじゅう赤とんぼだらけ。土地の名所などをマンホールにデザインするのは珍しくないが、側溝のふたにまでとは驚いた。

たつの市は側溝のふたまで赤とんぼ

「童謡の小径」はもちろん三木露風にちなんだものだが、「哲学の小径」もある。こちらは『人生論ノート』を著わし、戦後１か月以上経ってから治安維持法のため非業の死を遂げた哲学者・三木清を顕彰するものである。

　三木清は1897（明治30）年生まれ。旧制龍野中から一高を経て京都帝大に学び、西田幾多郎に師事した。1922年、岩波書店の援助でドイツに留学し、ハイデッガーに師事し、ニーチェやキェルケゴール、さらにパリに移ってパスカルの研究に従事した。1925年帰国し、1927年に法政大学文学部哲学科の主任教授に就任した。同年に岩波書店が創刊した「岩波文庫」で巻末に今も載せられている「読書子に寄す」は、社長岩波茂雄の名で三木清が起草したものである。

　ファシズムの荒れ狂った時代、教職を追われた三木はもっぱら文筆で活動したが、知人の高倉輝が治安維持法で官憲に追われているとき、頼まれて一晩泊めたことを犯人隠避の罪に問われて検挙され、豊多摩刑務所に収監された。

　ひどい皮膚病（疥癬）にかかり、全身をかきむしって膿にまみれ、独房

の寝台からころげ落ちて亡くなっているのが発見されたのは1945年9月26日である。日本がポツダム宣言を受諾して無条件降伏してから40日以上経っていた。たまたまこの事実を知った外国人ジャーナリストの奔走によってGHQによる「民主化指令」(10月4日)が出され、獄中の政治犯・思想犯が出獄、自由を回復する。

　いわば、三木清の死が戦後日本の民主化への契機となった。日本政府には自らの手で治安維持法を撤廃し、民主化を実現する意図はさらさらなかったのである。

　写真左の三木清哲学碑（1964年建立）には彼のレリーフと「しんじつの　秋の日てれば　せんねんに　心をこめて　歩まざらめや」と自筆の歌がはめこまれている。法名は「眞實院釋清心」。

　なお右の四角の碑には彼の代表的な著作『人生論ノート』の一節「怒について」が刻まれている（1977年建立）。

　「今日、愛については誰も語ってゐる。誰が怒について真剣に語らうとするのであるか。怒の意味を忘れてただ愛についてのみ語るといふことは今日の人間が無性格であるといふことのしるしである。

三木清哲学碑（左）と「怒について」

切に義人を思ふ。義人とは何か、──怒ることを知れる者である」

　今の日本をみたら、三木清は何と怒るだろうか。

かんじんの寅さんはどうした？

　寅さんが上野の飲み屋で知り合ったみすぼらしいジイさん。高名な日本画家の池ノ内青観（宇野重吉）とも知らず同情して柴又の家に泊めてやる。

　寅さんはのちに旅先の龍野で偶然青観に再会する。郷里に講演で招かれた青観は市役所の接待にうんざりし、寅さんにまかせて宴席を抜け出し、町中を一人歩き、若き日の恋人・お志乃（ロシアから一時帰国中の岡田嘉子）を訪ねたりする。

　マドンナは、宴席でたちまち寅と意気投合した龍野芸者・ぼたん（太地喜和子）。はじけた名演技だった。

　私が「たつの」を訪れたのは、映画が封切られてから35年もあとのことだ。出演者の多くは故人となり、町のようすも建物の改築などでかなり変わっていた。

　池ノ内青観役の宇野重吉（本名・寺尾信夫）は、劇団民藝を代表する名優、飄々とした演技で知られた。この映画で長男の寺尾聰と親子共演を果たしたが、肺がんのため1988年に73歳で亡くなった。

　ぼたんを演じた太地喜和子は、文学座で杉村春子が自分の後継者にと期待していた女優だったが、1992年に旅公演先の静岡県伊東で乗用車が海中に転落し、不慮の死を遂げた。夕焼け小焼けから16年後、48歳だった。

渥美清が世を去って……

　『男はつらいよ』の48作目は『寅次郎紅の花』、リリー役の浅丘ルリ子と4作目の共演だった。しかしこの頃、渥美は肝臓がんが肺に転移、主治医には前作のときから映画出演は無理ととめられていたという。

　ロケに密着したＮＨＫ『クローズアップ現代』の映像に、寅さんを迎えて熱狂するファンに対してニコリともしない渥美に「愛想がないんね」と不満そうな中年女性の声がはいっていた。体力の限界でカメラが回り出す瞬間までは気息奄々だったのだろう。

64

もっとも、渥美清という役者は極端に公私混同を嫌い、親しい知人にも私生活を覗かせることはなかったというから、病気でなくても、スクリーン以外のファンサービスとは無縁の人だったかもしれない。

　寅さんもリリーといよいよ結婚か、と思わせる加計呂麻島のシーン。私も奄美大島までは行ったが、ついぞ加計呂麻島には渡らなかった。「紅の花」が公開されて半年後に俳優・渥美清は死去した。

　以後20年余り、映画での共演者も多くが故人となったが、テレビでの『男はつらいよ』の人気は相変わらずで、繰返し放映されている。

⑨ 地名に歴史あり

　東京大学本郷キャンパス、工学部と農学部の間、言問通りに面した三差路に写真の碑がある。「弥生式土器発掘の地」と書かずに、「ゆかりの地」とボカしているところがミソ。

町名から土器、さらに時代まで

　1884（明治17）年3月、この近くで土器がみつかった。それはこれまで各地で掘り出されていた厚手で表面に縄目の文様を持つ土器とは明らかに異なっていたので、後に地名から弥生（町）式土器と呼ばれるようになり、ひいては弥生文化、弥生時代につながった。

　発見した3人の中には後に高名な人類学者になった坪井正五郎もいた。しかし、都市化とともに正確な場所がわからなくなり、今日に至るも特定されていない。「おおよそこのあたり」が「ゆかりの地」となったゆえんである。

　一度は消えた弥生町

　この辺の地名は明治5年以来「向ヶ岡弥生町」だった。由来は、古くから不忍池付近の忍ヶ岡に対して向ヶ岡と称したのと、旧水戸徳川邸内にある徳川斉昭の歌碑に「弥生」とあるのを合わせたものだという。現在、東京大学農学部になっている場所はかつて第一高等学校だったが（後に駒場にあった農学部といれかわった）、旧制一高の代表的な寮歌「嗚呼玉杯に花うけて」の歌詞にも「♪……向ヶ丘にそそり立つ　五寮の健児意気高し」

とある。

戦後の行政区画の変更により、小石川区と本郷区が合併して文京区が成立したが、町名はそのまま引き継がれた。しかし、1962（昭和37）年の住居表示に関する法律によって町名改正、地番整理が進み、区内の町名は以前の半数以下に減った。その時「向ヶ岡弥生町」も消滅したのである。

サトウハチローが怒った

住居表示法はこれまでの町名、地番が複雑で郵便配達に不便だという郵政省（当時）の主張から発していたが、新しい住居表示が「根津一丁目」になるとの区側からの通知に住民の不満が高まる。

東大の団藤重光法学部長や詩人のサトウハチローを先頭に復活運動に取り組み、1967（昭和42）年「弥生一・二丁目」として消えた地名がよみがえった。

ちなみにサトウ邸は、1884（明治17）年に発掘された弥生式土器第1号の出土地が諸説あるなかの一つに比定されており、喜んだサトウハチローは、翌年の年賀状に「弥生二丁目16ノ1　これがうれしき町名番地でございます」と刷りこんだという。

「真砂町の先生」は？

♪湯島通れば　思い出す〜とはじまるのは「婦系図の歌」、というより「湯島の白梅」の方が通りがいい。原作は泉鏡花の『婦系図』。主人公の早瀬主税は、芸者のお蔦と恋仲になったが、大恩ある「真砂町の先生」が許してくれない、将来のためどうしても別れろと言う。「別れろ切れろは芸者の時に言う言葉、今の私には死ねと言ってくださいまし」とお蔦は泣く。新派劇や映画で観客の涙を絞る場面だ。

この作品は泉鏡花の半自伝的作品で、彼は神楽坂の芸妓桃太郎（本名・伊藤すず）を知り同棲したが、師匠の尾崎紅葉の叱責で一旦は別れ、紅葉の死後、正式に妻に迎えている。

なお紅葉は真砂町に住んだことはないが、ここには坪内逍遥や正岡子規など多くの文士が住んでいたから、町名変更で「本郷四丁目」と変わった

のを惜しむ住民は、今も町会の名や図書館に「真砂町」を残している。

　写真は真砂町の隣、樋口一葉が3年近く住んだ旧菊坂町の旧居跡。掘り抜き井戸は当時からあった。正面の階段を上がると、一葉が転居後も24歳で死ぬまで通った伊勢屋質店がある。すでに廃業していたが、建物を跡見学園女子大が買い取り、文京区との共同で内部を公開することになったのはめでたい。

文学散歩する人が頻繁に訪れ「文化財迷惑論」も

合併の悩み

　「弥生」の復活に刺激されてか消えた町名の取り消しを求める訴えが数件起こされたが、原告適格を欠くとして却下された（1973・1・19　最高裁第2小法廷判決で確定）。

　しかし、こうした動きに政府も「画一的な運用で歴史的、文化的な地名が失われることのないよう」自治省（当時）に注意を促した。さらに町名の変更に「住民の意思を尊重」を盛り込んだ住居表示法の第1次改正を経て、1984年には超党派の「地名保存議員連盟」が発足。翌年、第9条に「旧町名等の継承」を加えた第2次改正が成立した。建前（法律）はこうなっているが、現実に合併に伴う新住居表示が「歴史的、文化的」な地名の継承になっているかといえばこれはまた別問題であろう。

　羽田空港のある東京都大田区は、戦前の大森区と蒲田区が合併して双方の1字を合わせたもの。太田市のある群馬県民はつい太田区と書き誤まる。合成地名の最高傑作は山梨県の旧北巨摩郡清哲村。現在は韮崎市清哲町となっているが、もともとは明治初年に水上村、青木村、折居村、樋口村の4村が一緒になって生まれた。水上の水のサンズイと青木村の青で「清」、

折居の折と樋口の口を合体して「哲」、これで恨みっこなし。

　上州で新保村、新保田中村、日高村、中尾村、鳥羽村を合併した（明治22年）時、新しい村名を新高尾村とした。なぜか鳥羽だけ仲間はずれ。そのせいかどうかは知らぬが、戦後に新高尾村が高崎市に編入した際、村北部の鳥羽だけは分かれて前橋市に入った。

「まいはら」と「まいばら」

　JR山手線で御徒町と神田の間、総武線への乗り換え駅は秋葉原、駅名表示には「あきはばら」とある。人気のアイドルグループAKB48もAKihaBaraが命名の由来である。

　ここはもともと「あきばはら」とか「あきばっぱら」と呼ばれていた。全国に何百とある火伏せの神・秋葉神社の一つがこの地にあり（駅の開業で移転した）、その前の原っぱだったのだから、本来なら駅名を「あきばはら」とすべきだったのである。

駅名や県は「ばら」だが、町は「はら」でがんばっていた

　東海道線に「米原」という駅がある。北陸本線と分岐する交通の要衝だが、ここはもともと滋賀県坂田郡「まいはら」町、10年ほど前に役場の町おこし課で話を聞いたことがある。「町の正式名称に合わせてくれとJRさんに頼んでも無理でしょうからねえ」とあきらめ顔だった。それ

どころか県は全国的知名度を優先して「ばら」を採用。体育着の背中にMAIHARA とあれば町立の中学生、MAIBARA なら県立米原高校の生徒だった。

　それが 2005 年、坂田郡の 3 町が合併して市制施行、読みは駅名に合わせて「まいばら」市とした。ただし市の中心部は米原市米原だというからややこしい。日本道路公団は今も「まいはらジャンクション」に「まいはらインターチェンジ」である。

　知名度になりふりかまわず

　命名に「あやかり」が多いのは人名も地名も同じ、寄らば大樹の陰という気持ちが働くらしい。長野県軽井沢の名が売れたら、北軽井沢（これは群馬県側）、中軽井沢（かつての信越本線の駅名は「沓掛」）、南軽井沢、新軽井沢、旧軽井沢、西軽井沢。これらはどんな順番でついていったのだろう。

　現在の伊豆半島には、伊豆市、伊豆の国市、東伊豆町、西伊豆町、南伊豆町と勢ぞろい、さっぱりわからない。由緒ある修善寺や湯ヶ島は伊豆市の、韮山や長岡は伊豆の国市のそれぞれ一町名に格下げになってしまった。

　難読地名の雄「百々」

　全国に難読の地名はゴマンとあるが、今は伊勢崎市に編入された旧佐波郡「境町百々」も相当なものだろう。百を重ねて「どうどう」と読む。その地に住む T 氏によると、大雨のあと川の水量が増えて水の流れる音がどうどうと聞こえるところからきた地名だという。国語辞典の「どうどう」は、「と」を伴って用いられる副詞で水が勢いよく流れおちる音、波がはげしく打ちよせる音、とある。しかし、現地は東武伊勢崎線境町駅の北にあり、利根川や広瀬川、早川ともかなり離れている。川べりの集落ならいざ知らずである。

　ほかにないかと調べたら、京都市山科区に西野山百々町があり、市立百々小学校があった。ＨＰを覗いたら「百々っ子」と書いてある。ドドっ子、とは楽しい響きである。さらに、愛知県岡崎市にも百々町、百々西町がある。

しかし、どんな詳しい漢和辞典に当たっても百の読みは「ヒャク・ビャク・ハク・もも」だけで、「ド」も「ドウ」もない。百舌、百合、百済のように特殊な読み方なのだろう。

「垳」の運命やいかに？

　消されそうな地名をぜひ残してほしい、と住民が運動しているというニュースが報じられていた。

　埼玉県八潮市の垳地区。「がけ」と読み、全国で唯一の地名だという。区画整理で消えそう、崖っぷちの危機だと「垳を守る会」ができた。シンポジウムを開き、アンケートを集め、市議会への請願は採択されたという。Tシャツを売り出し、亡くなった永六輔も応援していたらしい。

　垳とは川に面した場所、水の勢いで「土」が持って「行」かれることからできた国字だという。

　地名にはよってくる由来がある。地形など自然環境からついたものが多いが、いろいろな歴史を背負っている。お近くの地名について調べてみたらいかが。

⑩「忠臣蔵」人気の不思議

　12月といえば「忠臣蔵」である。
　浅野内匠頭長矩の旧臣大石良雄ら赤穂浪士が、吉良義央を殺害したのは12月14日だが、この日の前後、地元の兵庫県赤穂市や墓所のある泉岳寺では盛大な「義士祭」が行なわれる。
　事件は1701（元禄14）年の3月14日（旧暦）に起こった。
　江戸城本丸御殿の大広間から白書院に通じる松之大廊下において、勅使接待役の播磨国赤穂藩主浅野内匠頭長矩が高家筆頭・吉良上野介義央に対し、突然小刀を抜いて斬りつけたのである。内匠頭は近くにいた梶川與惣兵衛に抱きとめられたので、吉良上野介は額と背中に傷を負ったが命に別状はなかった。刃傷の現場を示す碑が皇居東御苑にある。

皇居東御苑にある殿中刃傷の現場

　「殿中刃傷は御法度」、すなわち江戸城中において刀を抜くことは堅く禁じられていたから、浅野長矩は即日切腹を命じられ、赤穂藩は改易（取りつぶし）と決まった。「殿中をはばからず、理不尽に切り付け候段、不届き至極」すなわち殿中での抜刀と傷害、殺人未遂が切腹を申しつける理由であった。
　長矩の身柄は芝愛宕下にあった一関藩田村右京太夫の上屋敷（港区新橋

四丁目）に預かりの上、夕刻には切腹が行なわれた（実際は腹を切る間も
なく、介錯人が首を落とす）。見届けた家臣は片岡源五右衛門ただ一人だっ
たという。

　築地鉄砲洲の浅野家上屋敷も即日召し上げ（没収）。藩邸跡は今、
聖路加国際病院となっている（中央区明石町）。

刃傷に及んだ理由は？

　ところで「5万石の大名である浅野長矩がなぜ旗本の吉良義央に斬りつ
けたのか」だが、これがよくわからない。長矩が「遺恨あり」と叫びなが
ら吉良を背後から襲ったことは、梶川ほか現場に居合わせた面々が証言し
ているところだが、誰も「遺恨」の中味を聞いてはいないのである。本人
も「吉良憎し」の理由を聞かれる間もなく腹を切らされてしまった。だか
らこの事件を題材にした小説から各種演劇、映画、テレビドラマに至るま
で、浅野内匠頭の怒りの原因、すなわち「犯行の動機」はすべて想像、推
測の域を出ないのである。

　最も一般的なのは、勅使饗応（接待）の作法について指南役である吉良
が教えを請う浅野につれなくしたというイジメ説。しかし、この説には批
判もある。

　次に両人の領地である播州赤穂と三州（三河国　現・愛知県東部）吉良
はともに塩の産地だったので、その製法をめぐる経済的対立が原因とみる
説。さらには吉良上野介が長矩の妻女に横恋慕したからとか、頭痛持ちの
浅野長矩はわけもなく突然キレる癖があったとか、さらには統合失調症
だったという説まである。要するに真相は謎なのである。

　京都からやってくる天皇の使いを接待する役が起こした突然の不始末に
将軍綱吉は激怒した。ろくに取り調べもせずに切腹を命じた結果が謎を生
み、ひいては1年9か月後に起こった浪士たちの行動への対応をめぐって
幕閣を苦慮させることになる。

浅野の領地・赤穂では

江戸の変事を知らせる急報は相次いで赤穂にもたらされた。突然の藩主

73

の死と改易処分、これは全藩士の失業を意味する。籠城して徹底抗戦すべきだとする強硬派と、いったんは城を明け渡してその後に浅野家の再興を嘆願すべきだと主張する恭順・穏健派が3日間にわたって激論を続けた。強硬派の中心が高田馬場の決闘で知られる堀部安兵衛武庸である。

　この間、浅野の親族にあたる大名家からは連日のように穏便に開城すべしとの使者が赤穂を訪れた。筆頭家老の大石内蔵助良雄は当初、籠城・抗戦派だったが、こうした状況のもとで吉良への仇討ちを前提にした開城論へと傾いていく。

　当時の赤穂には約200人の藩士がいたが、大石は亡き主君のために殉死切腹を覚悟した藩士80人ほどから誓紙血判を預かった上、城の明け渡しに応じた。

　現在の赤穂城で当時からの遺構は石垣と濠だけ、大手門や隅櫓などの建造物はすべて昭和30年代以後の再建であるが、家老大石邸の長屋門は数少ない江戸時代の建物（赤穂市加里屋81）である。変事を知らせる江戸からの急使が叩いたのはこの門であった。さすがは1500石取りの筆頭家老だけあって間口は26.8mもある。

赤穂藩筆頭家老・大石家の長屋門

討ち入りははたして「仇討ち」なのか？

　ことの発端は、浅野長矩が城中で一方的に吉良義央に斬りつけたことで

ある。浅野が加害者で吉良は被害者だった。加害者の側が被害者をつけねらうのは、普通仇討ちとは言わない。親あるいは夫を殺された孝子・節婦が長年の苦心の末、敵(かたき)を討ち果たすのが仇討ちだ。

「喧嘩両成敗」こそ武士の定法のはずなのに、わが主君のみ切腹、お家断絶という厳しい処分を下され、相手方の吉良になんの咎めもないのは不公平だというのが赤穂浪士たちの言い分だった。しかし、いきなり切りつけられて背中と額に傷を負った吉良上野介はその場に気を失って倒れ、人びとにかつがれて運び出されたのだから、これはもう喧嘩の態を成していない。

それに「喧嘩両成敗」に反する裁定に不満があるとすれば、文句は幕閣に言うのが筋であって、大挙して直接相手の当事者を襲うなどというのは筋違いも甚だしいのである。

しかし、厳然たる歴史的事実は、「松之大廊下」から21か月後の1702（元禄15）年12月14日、47人の浪士たちが吉良邸を襲い、上野介の首を取ったということである。

当時の吉良邸は約8400㎡（2500余坪）という広壮なものだったが、今はその一角が「墨田区立本所松坂町公園」になって残るのみ。公園とは言っ

かつての吉良邸の一部が公園に

ても面積は約 30 坪、吉良の「首洗い井戸」などがある（墨田区両国 3-13-9）。

ふだんは訪れる人もほとんどないが、12 月 14 日にはここでも「義士祭」が開かれ、たいへんな賑わいだとか。

討ち入りのあと

最初は 80 人近くいた誓紙血判の同志も、1 年半余の間に脱落する者が相次ぎ、行動をともにしたのは大石以下 47 人である。火事装束に身を固めた面々が武器を携え、表門と裏門の二手から邸内に乱入した時はすでに 15 日になっていた。当日は雪景色だったというのは芝居の上での脚色で、実際は晴れて寒い晩だったらしい。

奮戦する吉良方との激しい戦いの末、炭小屋に隠れた上野介をみつけ出し首をはねた。そのあとは邸内の火の始末をし、首のない上野介の遺体を寝所に安置した上、首級を槍の先に掲げて引き上げた。亡君の墓のある泉岳寺に到着したのは辰の刻（午前 8 時）頃、吉良の首を墓前に供えて「仇討本懐」を報告した。

吉良邸からの引き上げの途中、浪士 2 人を大目付（大名の監察にあたる役職）のもとに遣わし「口上書」を提出してあったので、一行はそのまま大目付の屋敷に出頭し、その後、細川、松平、毛利、水野の四家に預けられて幕府の裁定を待つこととなった。

討ち入りの評価をめぐって

赤穂浪士たちの行動をどのように評価し、いかなる処分を下すべきか。これには将軍綱吉、側用人柳沢吉保以下幕閣は大いに悩むこととなる。幕府の内部に限らず、学者の間でも意見が分かれた。

大学頭・林信篤は討ち入りを「義挙」とし、室鳩巣は『赤穂義人録』を著わして彼らの行動を褒め称えた。

しかし、同じ儒学者でも荻生徂徠は彼らの忠義の心は認めつつも、主君が殺そうとして果たせなかった吉良義央を殺害したのはまったくの筋違いであり、深夜に徒党を組んで他家に押しいり、家人を殺傷するなどは到底

76

許されざる行為として厳しく処罰すべきとした。

　徂徠の門人の太宰春台や佐藤直方も厳しく批判しているが、彼らの評価で興味深いのは、吉良邸襲撃を就職運動とみていることである。

　世は元禄の泰平の時代、主家が断絶して一旦浪人になれば再就職は容易ではなかった。家臣を召し抱えるのは戦いに備えてである。しかし平和な時代に戦働きはなく、仕事がないのに藩の人件費は増やせない。だから、よほど目立つことをして世間に認められねば……と考える浪人がいても不思議はないのである。

　批判する者は「法を犯してまで仇を討つのが目的なら、なぜ彼らは本懐を遂げた後、泉岳寺で切腹しなかったのか。のこのこ大目付のもとに出向いたのは彼らに死ぬ気がなかった証拠」とまで言っている。

　幕閣の下した結論は、荻生徂徠らの意見を取りいれた切腹＝自裁であった。死罪でないのは彼らの忠義の心を汲んだからである。動機はどうあれ、深夜に大挙して他家に乱入、殺人傷害に及ぶのは、治安を守るべき幕府として許せるものではなかった。

　切腹の場に臨んだ浪士たちの中には、「こんなはずではなかった」と思った者もいたにちがいない。自分たちのやったことは、忠義の行ないとして褒められこそすれ、まさか罰せられるとは……。しかし、元藩士で討ち入りに参加しなかった者が「不忠者」と非難される一方で、切腹を命ぜられた浪士の子弟が新たに仕官先を得るケースは少なくなかったようである。

　庶民の反応

　事件を知った民衆の反応は圧倒的な拍手喝采であった。天下泰平の世に馴れて武士も安逸に流れている昨今、「赤穂の浪人たちはエライ、これぞ忠義の見本、武士の鑑」というわけ。総じて日本人は理屈よりも心情で判断する。これは昔も今も同じだろう。

　翌年、中村座で上演された「傾城阿左間曽我」は曽我兄弟の仇討ちにこと寄せて赤穂浪士の事件を趣向に取りいれ、4年後には近松門左衛門の人形浄瑠璃「碁盤太平記」がより事件から想を得ている。

　しかし、爆発的な人気を博したのは、1748年初演の竹田出雲ほかの合

作「仮名手本忠臣蔵」であった。最初は浄瑠璃、同年歌舞伎として舞台に載せると、以後「独参湯」(特効薬の名前)と言われ、どんな不景気なときも忠臣蔵を舞台に載せれば「大入り満員間違いなし」と言われてきたのである。

　とは言っても、赤穂浪士討ち入りは世の平穏を乱す行為として参加者が切腹させられた事件である。彼らを英雄的存在として描いては間接的に幕政を批判することになり、作者や芝居小屋がいかなるお咎めを受けることになるやもしれない。だから「仮名手本忠臣蔵」の設定は室町時代、事件は鎌倉八幡宮の社頭で起こったことになっている。

　しかし、遺恨あり、と切りつける「塩冶判官」なる役名には赤穂の塩が潜ませてあり、敵役の「高師直」が示すのは高家の旗本吉良上野介。だから観客は鎌倉八幡宮は実は江戸城松之廊下、塩冶判官は浅野の殿さまで「大星由良之助」とは大石内蔵助のことと、頭の中で置き替えながらみていた。

　以後260年余、今も忠臣蔵人気はいっこうに衰える気配はなく、討ち入りの日に限らず、泉岳寺はいつ行ってももうもうたる線香の煙で浅野長矩をはじめ浪士たちの墓は霞んでいる。(東京都港区高輪 2-11-1)

この煙「理くつより心情」の象徴か

悪役・吉良の地元にて

　私はどちらかと言えば「負け組」の方が気になるタチで、「忠臣蔵」以

来すっかり悪役にされてしまった吉良上野介義央に興味がある。

東海道線の蒲郡から名鉄で愛知県幡豆郡吉良町を訪ねたのは数年前のこと、のちに北隣の西尾市に編入して現在は西尾市吉良町となった。

悪役のイメージがつきまとう上野介だが、どうしてどうして地元では昔から名君として領民に慕われてきた。江戸から帰ると赤馬にまたがって領内を巡視し、堤を築くなど民生に心を砕いたという。

吉良出身の作家で『人生劇場』を著わした尾崎士郎が作詞した「吉良小唄」の１番にはこうある。

　♪　吉良の殿さま　よいお方

　　　赤いお馬の見廻りも

　　　浪士に討たれて　それからは

　　　仕様がないでは　ないかいな

まったくもって多勢に無勢、地元がどんなに「いい殿さまだぁ」と叫んでも衆寡敵せず。中で俳人・村上鬼城は「負け犬」吉良に同情したらしい。吉良家の菩提寺・華蔵寺へ行ったら、境内に鬼城の句碑があった。

「行春や　憎まれながら　三百年　鬼城」

傍らに吉良町教育委員会が建てた説明板がある。

大正七年四月、鬼城はここ華蔵寺に詣で、画帖にこの句をしたためた。

「お気の毒な吉良様／三百年もの間／世間では憎まれなされた／あんなに名君でありながら　鬼城の思いが惻々と伝わってくる」

私には鬼城の思いもさることながら、吉良町民の思いの方が惻々として伝わってくるのだ。

吉良の家臣のうち、浪士との激闘で17人、重傷を負ってその後に死んだ者9人。ところが、小林平八郎と清水一学くらいしか名前を聞いたことがない。江戸の古川柳に言う。

「忠死でも　吉良の家来の　名は知れず」（『誹風柳多留』）

墓所はほとんどわかっていない。

今、赤穂では家老大石邸の跡地が大石神社の敷地になっており、神様のキーワードは「大願成就」である。

おかしかったのは、境内に「身近な怒りの川柳コンクール大絵馬」なるものが掲げてあったこと。
　「忠臣蔵の原点は赤穂義士達の幕府に対する義憤、公憤という『怒り』なのです」という前置きに続いて、過去10年位の大賞、優秀賞が書き出されている。

　電飾の街で孤独死虐待死
　転勤もリストラもなく職もなく
　働いた汗より株がでかい顔
　この野郎噛み付きたいが総入れ歯
　詳しくはホームページと言う驕り

　全国各地から寄せられた傑作につい足が止まった。けっこう、けっこう。大石神社がまた声高に〝忠義〟を言い立てる時代がきてはたまらない。

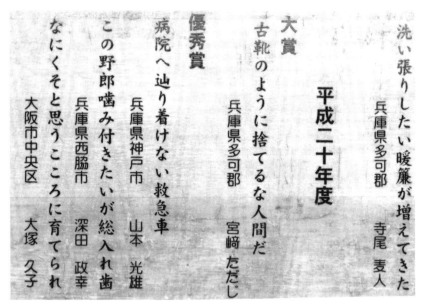

大石神社にて（2014年撮影）

11 逃亡者・高野長英①

　上野駅から東京メトロ日比谷線に乗り換えて都心に向かい3つ目が小伝馬町。地上に出るとすぐ十思公園、大安楽寺、十思スクエア(旧区立十思小学校跡)などがある(中央区日本橋小伝馬町 3-5)。
　この一帯にはその昔、江戸幕府の伝馬町牢屋敷が建ち並んでいた。広さは約2700坪に及んでいたという。大安楽寺は1875(明治8)年に創建された真言宗の寺だが、その位置は処刑場の跡である。

　〝ドタキャン〟は一切なし——土壇場の語源
　囚人は処刑される際、土を盛った壇の上に引き据えられ、脇に立つ首切り役人が切りやすいように首を前に差し伸べる。土の壇の上にあがったら絶体絶命、逃れようはない。この場所が「土壇場」である。執行直前になってからのキャンセルは不可能だ。もちろん現在の「どたん場」は刑場のそれではなく、時間的にギリギリという意味で使っているのだが。
　吉田松陰もここに二度入牢し(最初はペリー再航の折に密航を企てて失敗、二度目は安政の大獄という大弾圧で)処刑された。
　十思公園内には「松陰先生終焉之地」の碑と辞世「身はたとえ武蔵の野

終焉の地と辞世の碑(十思公園内)

辺に朽ちぬとも　留めおかまし大和魂」の碑がある。「終焉之地」の碑は
もともと十思小学校の校庭にあったものを、戦後、ＧＨＱの命令で隣接す
る公園内に移したとか。熱烈な尊王攘夷論者だった松陰の影響が子どもた
ちに及ぶのを恐れたのだろうか。

　松陰の墓は南千住の小塚原回向院、世田谷区の松陰神社、長州萩の吉田
家墓地の３か所にある。松陰神社と彼に死刑を命じた大老・井伊直弼の墓
がある豪徳寺とは直線距離にして１キロも離れておらず、歴史の皮肉を感
じさせておもしろい。

脱走は可能だったか？

　江戸時代の刑罰は死刑か追放刑（代表的な流刑地が佐渡が島、サド送り
になって江戸を離れることが「ドサ回り」）であり、懲役や禁固刑はなかっ
た。つまり、牢屋敷とは未決囚を収容し、あるいは執行を待つ死刑囚の拘
置所であって、現在の刑務所とは異なる。

　例外的に「永牢」すなわち終身禁固があった。こうなると二度と陽の目
はみられない？　いや、わずかだがチャンスはあった。それは近くで火事
が起こった場合は牢屋敷まで延焼すれば囚人たちはみな焼け死んでしま
う。そんな時は牢屋奉行の判断で一時的な「切り放ち」が行なわれた。も
ちろん無罪放免ではない。鎮火から３日の間に、北・南の両町奉行所、本
所回向院のいずれかに出頭することが条件の〝仮釈放〟である。

　つかの間の自由を得た囚人が、これ幸いとばかりそのまま逃亡してしま
うことはなかったのか。それはまずない。なぜなら言いつけどおり指定さ
れた場所にくれば、罪一等を減じられるのに、脱走の罪が加われば死罪ま
ちがいなしになってしまう。人相書が全国に出回り、五人組という相互監
視のシステムが不審人物の存在を許さない時世、その決め手は連帯責任制
であった。「壁に耳あり　障子に目あり」で、プライバシーなどという観
念は育つはずがなかった。江戸時代の捜査能力の高さは現代の指名手配の
比ではない。

それでも逃亡した高野長英

1844（天保15）年6月30日、獄舎のすぐ近くで出火し、「切り放ち」に乗じてそのまま逃亡した囚人がいた。

彼の名は高野長英。永牢の判決を受け、すでに獄中生活は5年目、牢名主だった。火事の原因は、長英が牢屋敷の雑役夫・栄蔵を買収して放火させたらしい。犯罪者の隠語で火事や放火を「赤猫」と言った。赤猫を這わせてまでして脱獄し、素直に集合場所にくるはずがない。長英はそのまま風を食らって逐電した。

高野長英とは何者か

生国は陸奥国水沢（現・岩手県奥州市）、経歴としては、長崎・鳴滝塾でオランダ商館医・シーボルトから蘭学（西洋医学）を学ぶ。江戸麹町・貝坂（千代田区平河町）の大観堂で治療し、多くの門人を育てた。

罪状は幕府の外交政策（異国船打ち払い令）を批判して『夢物語』を執筆。洋学者グループ（尚歯会・渡辺崋山、小関三英ら）に対する弾圧（「蛮社の獄」、直接の罪状は無人島＝小笠原島への渡航計画）に連座したこと。小関三英の自殺、崋山の逮捕を知って自首した。

歳は42、3だがふけており、背が高く太っている。顔は面長で角張っており、色白で眉毛は薄い。目尻が下り口は大きく唇が厚く、額から小びんにかけてそばかすがある。さらに、大酒呑みだった。吾妻郡（現・群馬県）で発見された「人相書」によるものだが、全国各地で類似のものがみつかっている。

長英の行方

江戸市中を大手を振って歩けるのは3日間だけで、その後は脱獄囚に対する厳しい探索がはじまる。長英は蘭方医仲間や門人にかくまってもらったのだろうが、かくまう方も命がけ、だからその足跡ははっきりしない。長英が約1か月後に姿を現わしたのは板橋に住む門人・水村玄洞宅だった。

奥座敷に一両日かくまった後、玄洞は北足立郡尾間木村（現・さいたま市緑区）の医師で、実兄の高野隆仙方に長英を移した。隆仙も長英の門人

長英が5、6日過ごした隆仙の茶室（さいたま市）

である。
　長英は「蔵機堂」という名の離れの茶室で5、6日過ごし、「自分が立ち寄ったことは7日ほど黙っていてほしい」と言い残し出て行った。恐らく次に向かうのは多くの蘭学の門人がいる上州（現・群馬県）である。

　英雄の蔭には……
　長英がひそかに尾間木を立ち去った翌日、隆仙に呼び出しがかかった。鴻巣の同心詰所で石抱き責めにあい、脱獄のお尋ね者をかくまった容疑で厳しい詮議を受けたが、7日はおろか100日経っても口を割らなかった。村の親切な医者の逮捕に村人たちが嘆願書を出してようやく釈放されたが、連日の拷問にすっかり体を壊し、その後は患家への往診もままならなかったという。48歳で亡くなった。
　「切り放ち」の契機となった獄舎の出火原因も雑役夫・栄蔵の放火とわかり、彼は捕えられて死罪になっている。

　長英の逃避行の過程を追っていくと、ずいぶん周囲に迷惑をかけていることに気づく。指名手配の脱獄囚が頼ってくるだけで大変な「疫病神」のはずだが、それにしては長英には〝遠慮〟が感じられず、頼られた方も必

死でかくまった。「門人だから師匠を助けるのは当たり前」では説明しきれない魅力がこの逃亡者にはあったのだろうか。

上州の蘭方医たち

さて上州である。脱獄した長英が潜伏先として真っ先に思いついたのが上州だったことは容易に想像がつく。なぜならここには多くの信頼できる知人、門人がいたからである。

日光例幣使街道沿いの佐位郡境（現・伊勢崎市境町）には、長崎でともにシーボルトから学んだ同門の村上随憲がいたし、なにより吾妻郡には長英を師と慕う多くの蘭方医がいた。とりわけ吾妻郡に長英の門人が多かったのは、草津や沢渡などの湯治場があり、各地から患者が集まったからである。温泉は現在の物見遊山とは異なって病気やけがを治療し、農作業で酷使した体を休める場であった（各地の関所に残る農民の「通行手形」をみると、当時の農民が旅をする理由として圧倒的に多いのは伊勢参宮と温泉場での湯治目的である）。

長英は伝馬町の牢につながれる以前からしばしば上州に来遊しており、沢渡温泉には旅館業も兼ねる蘭方医・福田宗禎がいた。のちに火災のため福田邸は焼失したが、現在、その跡地には地元の郷土史家が建てた「高野長英来遊旧跡　医師福田宗禎宅址」の碑がある。

長英が1836（天保7）年、大飢饉の最中に『二物考』『避疫要法』を著わしたとき、その校閲と出版費用は福田宗禎と中之条伊勢町の柳田槙（鼎）蔵が負担した。

二物とは飢饉の際の食物として馬鈴薯と早そばが有効であることを説いたものだが、そもそも救荒作物として両者の効用を長英に教えたのが福田、柳田の両名である。また、1838（天保9）年に江戸の大火で麹町の自宅が全焼した際には、新築のための材木調達をこの二人に依頼している。

さらに横尾村（現・群馬県吾妻郡中之条町横尾）の高橋景作は、大観堂の塾頭として師の代講を務めるほどだったが、江戸から郷里に帰って村医者になっていた。年齢は景作の方が師の長英より5歳年長である。

今はすっかり建て替えられたが、高橋家の古い土蔵にはおびただしい量

85

高橋景作宅の土蔵（建て替え前）

の日記と「書籍出入帳」と題する書籍の貸出簿が残っていた。
1875（明治8）年に76歳で没するまで治療と研究、村の知識人として生きた誠実な人生が浮かび上がってくる。

逃亡者・高野長英②

　1844(天保15)年6月、伝馬町の牢から脱走した長英が約1か月後に板橋の水村玄洞宅、次いで尾間木の高野隆仙方にかくまわれていたことはまちがいない。そして、郷里に姿をみせたのが14か月後の1845(弘化2)年10月、その間の1年ほどは上州に潜んでいたと考えられている。

　しかし、脱獄という大罪を犯した天下のお尋ね者、必死でその足跡を隠したから逃避行の跡を明らかにすることは容易でない。大部分は言い伝え、口碑伝説の域を出ないものが多い。

　壁の中から大発見、『夢物語』の写本
　群馬県吾妻郡中之条伊勢町の柳田槙(鼎)蔵は、沢渡の福田宗禎とともに経済的に最も師・長英を支えた人物である。

　今その屋敷跡には「高野長英先生淹留之地」の碑がある。「淹留」とは久しく留まる意だが、大きな通りに面して人目につきやすい柳田家に逃亡中の長英が長く留まったとは考えにくい。淹留は入牢以前のことで、むしろ脱獄後は長英との関わりを消し去るのに苦労した。

　明治になってから、仏壇の背後の壁の中に一冊の本が埋め込まれている

柳田槙蔵屋敷跡に建つ「淹留之地」の碑

のが発見された。長英が幕府の外交政策を諷した『夢物語』の写本であった。槙蔵と長英の関わりの深さ、そしてそれを隠すのにいかに苦心したかが知れよう。

横尾村の文殊院に潜伏

横尾村の高橋景作は、長英を自宅の土蔵に何日かかくまったのち、近くの寺・文殊院に移した。鶴見俊輔『高野長英』（朝日評伝選1　1975）やその後に出た吉村昭『長英逃亡』では、文殊院の位置を高山村尻高としているが、これは鶴見氏の思いちがいで、文殊院は高橋家の裏手700mほどの位置にあった。これは景作の玄孫に当る高橋忠夫氏(元中之条五中校長)の教示による。なお文殊院はその後移築され、今は吾妻線市城駅近くにある宗福寺の本堂になっている。

逃亡者の苦労は並なみならぬ

旧六合村の赤岩地区（現・群馬県吾妻郡中之条町赤岩）の湯本家は草津温泉にも近く、代々医を業としてきた。

湯本俊斎は長英の蘭方に対し漢方医だったが、福田宗禎を通じて長英とも親交があった。湯本家の2階には今も「長英の間」と呼ばれて、ふだんはほとんど使われていない部屋があるが、ここからふすまを開けると広い屋根裏に出て、そこから屋外に出られるようになっていた。俊斎は長英が在獄中に世を去ったが、吾妻の蘭方医たちが師の潜伏場所として湯本家を思い浮かべただろうことは充分考えられるのである。今も赤岩地区には「長英の隠れ湯」という日帰り温泉施設がある。

門人や医師仲間以外でも、中之条の鍋屋旅館の主・田村八十七のような長英への援助を惜しまなかった人がいる。鍋屋は十返舎一九の『諸国道中金の草鞋』（1820年刊）にも出てくる古い宿屋である。

長英の吾妻来遊の折の宿だったが、伝馬町で牢名主をしているとき、たまたま中之条町と隣の原町との市をめぐる争いで責任を問われ入牢してきた八十七と再会した。脱獄後、先に牢を出た八十七の計らいでこの旅館の土蔵にかくまわれていたと伝えられている。長英ゆかりの品がたくさん

残っており、宿の一室は「瑞皐の間」と名づけられた。瑞皐は長英の号（学者・文人などがつける雅名）である。

　郷土の偉人がたいへんお世話になったと、岩手県水沢から子孫や関係者が大勢で吾妻に来たし、こちらから水沢を訪問した際は市長が歓待してくれたと八十七の玄孫・田村喜代治氏に伺ったのは20年も前のことになった。その後、鍋屋旅館は廃業したようだ。

　郷里・水沢の現在

　上州を去った長英がどのルートを辿ったのかはわかっていないが、目指したのは門人の内田弥太郎がいる越後・直江津であった。

　その後、母や妹のいる郷里に向かったはずだが、指名手配犯人の立ち回り先として、生れ故郷はもっとも厳しい探索の目が光っていただろうから、水沢（現・奥州市水沢区）は避けた。今は同じ奥州市になったが、水沢の南、平泉に近い前沢の縁者の家で今生の別れを惜しんだと思われる。

　現在、水沢には立派な記念館があり、各所に誕生の地や『救荒二物考』の碑がある。長英はもともと後藤実慶の三男に生まれたが、9歳のときに母方高野家の養子になった。長英亡きあとも養子がはいって家を継ぎ、子孫が「高野外科整形外科医院」を開業しているが、敷地内に「史蹟高野長英旧宅」の碑がある。

　長英の才能を惜しむ人たち

　厳しい警戒の目をかいく

長英の郷里、奥州市水沢にある高野医院

ぐって母や妹との再会を果たした長英は、江戸に戻ってもっぱら翻訳に打ち込んでいる。つかの間の安穏な暮らしもいつ暗転するかわからない。

　庇護の手を差し伸べたのは、四国宇和島藩の伊達宗城(むねなり)だった。宗城は蘭学者長英の実力を高く評価し、とりわけ医学よりも兵学の知識を家臣たちに学ばせようとしたのである。幕府の目をぬすんで宇和島に迎えられた長英は、「蘭学者伊東玄朴の門人・伊東瑞渓」というふれこみで若い藩士にオランダ語を教えるかたわら兵学書の翻訳を行なった。長英が住んでいた家老桜田佐渡の別邸は今も辰野川べりにそのまま残っている。

　橋の上から眺めると、奥座敷の窓がアルミサッシになったほかは、昔と

宇和島に残る長英居住の跡

変わらぬたたずまいだ。入口には「瑞皐高野長英先生居住之地」と彫られた大きな石の標柱が立つ。書は水沢出身で、遠縁にあたる後藤新平だった。

　案の定、安楽の日は長くは続かない。江戸の藩邸から「幕府が長英の宇和島潜伏をかぎつけたらしい」との情報が届く。急いで宇和島を離れた長英は、その後も一度はシーボルト門下で旧知の二宮敬作が住む卯之町（現・西予市宇和町）に身を寄せたこともあるが、やがて広島を経て江戸に向かった。この間、薩摩の島津家を頼ったとの説もあるが、鹿児島まで行ったという確たる証拠はない。

自ら顔を焼く

長英は卯之町の二宮敬作宅を去ったあと、大坂、名古屋を経て江戸に舞い戻った。なお、二宮敬作宅には、シーボルトと長崎丸山の遊女其扇・たきの間に生まれた、〝いね〟がいた。のちに日本の女医第1号になった、〝オランダおいね〟である。

脱獄後5年が経っているとはいえ、そのまま立ち帰ればたちまち御用となることは目にみえている。長英は江戸にはいる前に、薬品で顔を焼いた。火傷で人相を変え、幕吏の目をあざむこうとしたのである。

青山百人町に家を借り、沢三伯という変名で医療を開始した。門から家の回りまで落ち葉を敷き詰めて、不意の襲撃に備える用心をした。

やがて奉行所は青山にひどいやけどの、腕のいい医者がいるとの噂を聞きこんだ。場所は、現在の地図で渋谷駅から宮益坂を経て青山学院前を通り、表参道に出る手前(港区南青山5-6)。ワコー・スパイラルビルの柱に「都旧跡　高野長英先生隠れ家」と彫られた碑が埋め込まれている。

長英を助けたのも売ったのも上州人

手配中の脱獄犯と確かめるために使われたのが、上州無宿の元一という伝馬町に入牢中、牢名主の長英に世話になった男だった。

道ですれちがいざまに「お頭!」と声をかけた。思わず立ち止まった「沢三伯」、お互い見覚えのある顔。これでお尋ね者、高野長英と知れた。

奉行所は一計を案じた。けんかで大けがをしたという男を仲間が戸板に乗せてかつぎこみ、「沢三伯」の治療を乞うた。

どれどれと覗きこむ長英に、やにわに「けが人」が武者ぶりつく。それを合図に仲間がいっせいに十手で殴りかかる。虫の息になった長英を駕籠で奉行所に運ぶ途中、絶命した。撲殺であった。

長英の最期を「捕吏に襲われて自殺」と書いた本もあるが、とても毒薬を仰いだり自刃する余裕はなかった。以上の顛末は、長英逮捕に関わった捕り手の一人が明治になってから証言したものである。

91

長英の死後

　長英の死は1850（嘉永3）年10月30日、享年46。その3年後にはペリーの黒船が浦賀に来航して、一挙に開国への道が開かれていく。極度の洋学者嫌いだった目付（のちに奉行）鳥居耀蔵のために「蛮社の獄」という大弾圧を受けた長英・崋山・三英らは不運としかいいようがない。

　明治政府は長英の死後、48年経った1898（明治31）年、長英を「開国の先覚者」として正四位を追贈、最期の地に近い青山善光寺に顕彰碑を建てた（勝海舟の撰文）。空襲で破壊されたものを1964（昭和39）年に再建している（港区北青山3-5）。

明治神宮表参道に近い善光寺の顕彰碑

　高野長英の受難と逃亡、そして最期をみて思うのは、封建時代に「天下の御政道を批判する」ことのこわさである。とりわけ科学者にとっては身の破滅につながった。なぜなら、科学者が自らの学問を通じて身につけた「合理主義」「論理的思考」こそが、支配者にとっては大いなる脅威だったからである。

　この〝教訓〟が明治以来の学者、とりわけ自然科学者の多くを自分の仕事場は研究室、実験室と限定し、研究の成果を現実世界でどう生かすかは

政治家や企業家の仕事であり、自分たちとは無関係としてきたのではなかったか。こうして「象牙の塔」という言葉や、日本が外国と戦争していることも知らずに過ごした「大学者先生」が生まれたらしい。

科学者の社会的責任は、ダイナマイトを発明したノーベルの反省からはじまり、第2次大戦末期の核兵器の開発からアインシュタイン、オッペンハイマーの悔恨を生み、科学がふたたび戦争での大量破壊、大量殺戮に使われてはならないとの決意につながったはずである。

しかし、今や日本でも「産学共同」からさらに「産軍学共同」への動きが強まる中で、ふたたび科学者の社会的責任が問われる時代になっている。

長英が宇和島藩のために築いた砲台跡（愛媛県愛南町城辺、高知県宿毛市はすぐ隣り）

⟨13⟩ 「りょうま」がゆく

　日本人の「坂本龍（竜）馬好き」といったらたいへんなものだ。

　昔からファンはいたかも知れぬが、かなりの部分は司馬遼太郎の長編小説『竜馬がゆく』に負うところが多い。1962年から66年まで前に勤めていた『産経新聞』夕刊に連載したものだが、福岡の高校生だった武田鉄矢はこれを読んで感激、竜馬研究を志して高知大学に挑戦するも2度失敗し、竜馬の墓の近くにあるからという理由で京都・立命館大学も受験したらしい（結局は福岡教育大学中退）。のちに「海援隊」を結成するなど、筋金入りの竜馬党である。

　司馬の『竜馬がゆく』を原作とするテレビは1968年のNHK大河ドラマ（北大路欣也主演）以来、民放各局では萬屋錦之介、市川染五郎、上川隆也らが演じている。最近ではオリジナル脚本によるNHKの大河『龍馬伝』（2010）が福山雅治人気で大ヒットした。

　ところで竜馬、龍馬どちらが正しいのだろうか。

　出身地の高知ではすべて「龍馬」だが、手元にある辞・事典や年表の類にあたってみた。現在出ているものでは最も大部な『国史大辞典』（全15巻　吉川弘文館）と岩波書店の『近代日本総合年表』は「竜」、小学館版をはじめ百科事典や創元社版『日本史辞典』、筑摩の『年表日本歴史』は「龍」である。「龍」が多いが、多数決で決めるわけにもいくまい。

　結論は「どっちでもいい」ということだろう。竜馬・龍馬いずれにせよ通称である。本名は直陰のちに直柔、脱藩後は才谷梅太郎の変名を用いた。なお、本稿では司馬遼太郎の著書名関連以外は便宜上「龍馬」で統一することとする。

　寺田屋は改装され、移動した

　写真は京都市伏見区にある旅館「寺田屋」である。夜景を選んだのは、通りすがりの撮影ではなく、歴史の宿に泊まった証拠だと言いたいためだが、これがとんだ「食わせもの」だった。

　「奉行所の役人が、二階に止宿中の龍馬を襲う手筈を相談しているのを

現在も営業中の旅館「寺田屋」

入浴中の養女・おりょうが聞きつけて、急を知らせるため裸のまま駆け上がったのがこの階段」だの「その時の乱闘でついた柱の刀傷」だのを見せられて「なるほど、なるほど」と、感激しながらよろこんで帰ったものである。

専門家の間では早くから再建説があったが、2008 年に京都市が「幕末の寺田屋は鳥羽伏見の戦い（1868 年）で焼失しており、現在の建物は当初あった位置の西隣に再建されたもの」と正式に結論づけたのである。現在の経営者も寺田姓を名乗っているが、幕末に船宿を経営していた寺田家との血縁関係はないらしい。

泊まった翌朝、寝坊していると、ふすま 1 枚へだてて龍馬が好んだ「梅の間」が騒ぞうしい。ファンの若い女性たちが観覧料を払って見学に訪れている。庭には「お登勢明神」が祀られて絵馬などを売っている。寺田屋の女将・登勢が龍馬と養女のおりょうを結びつけたというので、良縁を願う女性たちがお参りにくるのだ。当世の寺田屋はんはまっこと商売上手でおまんな。

土佐と龍馬

私がはじめて四国を訪れたのは 1976 年 7 月、宇野から高松に連絡船で渡る途中『四國新聞』の号外が配られて、ロッキード事件の「田中前首相

逮捕」に驚いたのを覚えている。

　そのころ、桂浜（高知市）には昭和3年完成の巨大な「龍馬像」があったが、高知市内の生家跡に明治百年記念に建てた「坂本龍馬先生生誕之地」（吉田茂元首相揮毫）の大きな碑があるくらいだった。そのあとは訪れるたびに龍馬関連の施設が増えている。地元で観光に生きる人たちにとっては、司馬先生様々、福山雅治様々だろう。

　しかし、郷里に龍馬の足跡はほとんどない。尊王攘夷運動が高まる中で坂本龍馬は土佐勤王党に加盟、1862（文久2）年、多くの仲間とともに脱藩、活動の舞台は各地に広がっていく。

神戸そして長崎

　1864（元治1）年、龍馬が唯一師と仰いだ幕府海軍奉行の勝海舟が神戸に海軍士官養成を目的とした操練所を開くと、土佐の脱藩仲間と共に参加し、航海術を学んだ（神戸市中央区海岸通17）。

　当時の敷地の一角に錨をかたどった碑があり、裏面には「塾長・勝海舟、塾頭・坂本龍馬……」とあるが、これは勝海舟が別の場所に個人で開いた「海軍塾」のことで、龍馬は幕府公認の操練所塾頭にはなっていない。

龍馬が学んだ「海軍操練所跡」の碑

海軍操練所には脱藩浪士が多く参加しており、中には長州藩の起こした禁門の変に加わるなど、反幕府的行動に出るものもあったので、幕府は勝海舟の海軍奉行を罷免し、操練所も約１年で閉鎖された。

　神戸を去った龍馬はこの後長崎に赴き、日本最初の貿易商社ともいうべき「亀山社中」（のちに「海援隊」と改称）を開いた。

　亀山社中跡にも近く、街や長崎港を見下ろせる風頭公園には、平成になってから造られた「坂本龍馬之像」がある（長崎市伊良林三丁目）。

　傍には司馬遼太郎の文学碑がある。

長崎市・風頭公園の龍馬像

　船が長崎の港内にはいったとき、竜馬は胸のおどるような思いをおさえかね、「長崎はわしの希望じゃ」と、陸奥陽之助にいった。「やがては日本回天の足場になる」ともいった。

『竜馬がゆく』より

　陸奥陽之助は海軍操練所から亀山社中、海援隊と龍馬の腹心の部下、のちに名を宗光と改め、日清戦争時の外務大臣である。

丸山遊廓「花月」にて

　幕末の志士と称する面々の多くは、なんともしょうのない遊び人たちだった。

　「酔うては枕す美人の膝　醒めては握る天下の権」とかなんとか言いながら……、とりわけ高杉晋作などは都々逸の名手で「♪三千世界の烏を殺し　ヌシと朝寝がしてみたい」などと洒落ている。

晋作の「楽しみは　左右に女　前に酒　うしろに柱　懐に金」などをみ
ると、とうてい庶民大衆の味方じゃないなという気がするのである。
　長崎で彼らが頻繁に登楼したのは丸山遊廓の「花月」だった。作詞家で
もある作家・なかにし礼が直木賞を受賞した『長崎ぶらぶら節』は「花月」
が舞台である。主人公の愛八を、映画では吉永小百合、テレビドラマでは
市原悦子が演じた。
　数年前に大学のクラス会の「料亭花月でしっぽく料理を味わいながら『ぶ
らぶら節』を聴く」という企画に釣られて出かけたことがある。
　「花月」では２階の大広間で、酔っ払った龍馬が切りつけたという柱の
刀傷をみた。こちらは伏見・寺田屋とはちがって正真正銘のものらしい。
だからといって彼らが遊んでばかりいたわけではない。亀山社中を通じて
イギリス人商人のグラバーなどから武器を買いいれ、倒幕勢力の実力をた
くわえるのに寄与したのだった。

薩長同盟の成立へ

　坂本龍馬が歴史上果たした最大の役割は薩長連合を仲介し、それを実現
させたことである。薩長同盟の成立こそ、口先の議論にとどまらず、現実
的な倒幕勢力が形成されたことを意味していた。徳川政権を倒さない限り、
龍馬が考える新しい時代はこない。
　歴史をさかのぼれば島津（薩摩）・毛利（長州）両家は関ヶ原の戦いで
西軍・石田方についたために敗れ、勝者である徳川の軍門に降った立場だっ
た。そのため両家は取り潰しこそ免れたものの、外様として屈辱的な扱い
を受けてきている。とりわけ毛利家は領地を大幅に削られ、周防・長門の
わずか２か国に押し込められ、城も日本海側の僻地・萩とされるなど、徳
川に対する恨みは深かった。
　薩摩・長州の両藩に関ヶ原の敗者同士という共通点があるにせよ、それ
は250年以上も昔のこと。この時期の両者はむしろ宿敵の間柄だった。
　尊攘派の中心である長州藩が事実上のクーデターで京都から追われた
（1863年８月18日の政変）際、会津藩と並んで薩摩がその中心勢力だった。
　翌年、勢力挽回をねらって長州が京都に攻め上ったとき、御所をはさん

98

だ攻防では、守る薩摩・会津、攻める長州。両軍は多数の死傷者を出している（禁門の変）。

相互不信に凝り固まっていた薩長の仲立ちをして両者の手を握らせること、その困難さは想像に余りある。

薩長和解の現場

このころ、両藩を代表する立役者は薩摩の西郷吉之助（隆盛）と小松帯刀、長州の桂小五郎（のちの木戸孝允）らである。彼らを会わせるために龍馬が奔走したことは確かだが、その現場を特定するのは難しい。

ただ、まちがいなくその舞台になった場所の一つは長州（山口県）湯田温泉の「松田屋」であった。

司馬遼太郎の「街道を行く」シリーズの『長州路』にも登場する松田屋ホテルはなかなかの高級旅館、妻との二人旅は大体安宿、多くはビジネスホテルに泊まって外食というパターンだが、10年以上前の長州路の旅だけは思い切って奮発した。とは言っても、松田屋の中では比較的安い部屋で1人2万円ちょっと。司馬遼太郎が挿絵画家と一緒に泊まったのは、その昔、三条実美が滞在したという部屋で倍以上の金額。それでも司馬遼太郎が泊まったときにお世話したという節子さん（作品の中に作家と彼女と

松田屋庭園内の「維新三傑会見所」

のやりとりが書かれている）に私たちの部屋にきてもらい、作家の取材のようすなどを聞いた。

　見事な庭園の一角にしつらえられた東屋の傍らには「維新三傑　西郷木戸大久保会見所」とある。その下には1867年とあるが、すでにその前年龍馬の仲介によって「薩長連合」は成立しており、いよいよ倒幕に向けた手筈の相談が進められた現場である。

　館内には「維新の湯」と名づけられた浴室があり、石造りの浴槽は1860年に造られたとのこと。大老井伊直弼が桜田門外で襲撃され、殺された年である。

　宿が掲げている「由来」には、ここに入浴した面々として高杉晋作、木戸孝允、伊藤博文、大村益次郎、山縣有朋、井上馨（以上長州）、薩摩の西郷隆盛、大久保利通、それに土佐の坂本龍馬、七卿落ちの途中、しばらく当地にあった公卿・三条実美らの名がある。

　彼らはいずれも宿帳に自ら署名を残しているので、うそとは思えない。夜更けて一人この湯に浸かり、翌朝カメラに収めて帰った。

　このあと萩、下関、防府と山口県内に計4泊したが、2日目以後は安宿とビジネスホテルで倹約の旅。

「維新の湯」（蛇口、シャワーなどは後補）

龍馬の「せんたく」

龍馬は日本の現状をどうとらえ、その未来像をどう描いていたのだろうか。

姉の乙女に書き送った1863（文久3）年の手紙には「日本を今一度せんたく（洗濯）いたし申候」とある。その前には「江戸の同志と心を合わせ姦吏を打殺し……」と激越な言葉を連ねているのだが、それでは彼が「洗濯」したいと思っている日本とはなにか。

師・勝海舟や長崎での外国商人との接触を通じて、龍馬が到達した国際情勢の認識は、先進列強のアジア進出を前に「日本危うし」の思いだったろう。その危機に対処するためには、旧態依然たる徳川幕藩体制ではどうにもならない。しかし、衰えたりとはいえ、家康以来260年余も続いた幕府を倒すには、現実的な倒幕勢力の形成が不可欠である。そのためにはいがみ合う薩長両藩を仲介して連合を成立させる必要があった。

1866年、坂本龍馬の奔走が実り「薩長同盟」が成ったものの、幕府と倒幕勢力との全面戦争となれば、国じゅうが大混乱に陥ることは避けられない。そうなればどちらが勝っても外国勢力に乗じられる。現に当時のフランスは徳川幕府を、イギリスは薩長倒幕勢力を支援していた。内戦の結果、日本は背後に控える英仏いずれかの国の半植民地状態にされてしまうだろう。

それを避けるには、全面戦争なしに平和的に幕府を消滅させるしかない。これが龍馬の考えた「大政奉還論」だった。15代将軍慶喜を説得して自発的に政権を返上させ、倒幕派に肩すかしをくわせる。そのあとは島津や毛利に徳川も含めた有力大名の合議政体でいく（「船中八策」）。

前土佐藩主山内豊信（容堂）は、龍馬の建言を容れ、重臣・後藤象二郎を通じて将軍慶喜に自発的政権返上を説得した……。

以後の日本史はほぼ龍馬の構想通りに動いたと言っていい（ただし「徳川が無傷のまま残るのでは意味がない」と薩長の挑発で戊辰戦争が起こり、倒幕派は完全な権力奪取に成功するのだが）。

しかし、その行く末を見届けるには龍馬の命がもたなかった。

龍馬の最期とその後

1867（慶応3）年11月15日夜、京都河原町通蛸薬師下ルの近江屋（土佐藩御用達の醤油屋）で訪ねてきた陸援隊の中岡慎太郎と用談中を刺客に襲われ、龍馬はほぼ即死、重傷を負った中岡は2日後に絶命した。

現在、河原町通りに面した近江屋跡には「坂本龍馬中岡慎太郎遭難之地」と彫った小さな碑が立つのみである。龍馬33歳、中岡は30歳だった。

犯人については新撰組隊士、あるいは薩摩藩の陰謀（あくまで武力倒幕を主張する薩摩からすれば龍馬の大政奉還論は一種の裏切り）など諸説あったが、現在では幕府の京都見廻組・今井信郎による暗殺が定説となっている（戊辰戦争で敗れ、新政府軍の捕虜となった今井本人の供述から）。

龍馬が幕臣からつけねらわれるとしたら、伏見の寺田屋で襲われた際、おりょうの機転で襲撃を知り、拳銃を乱射して危地を脱している。そのため、奉行所の役人が何人か死んでおり、その報復とも考えられる。寺田屋での危機一髪「セーフ」が近江屋での「アウト」につながったのかもしれない。

龍馬の魅力とは

龍馬の墓は京都の霊山護国神社の中にある（東山区清閑寺霊山町1）。近江屋でともに襲われた中岡慎太郎の墓碑と並んで立っている。熱烈な龍馬好き人間が薄い石板に油性ペンで書き残したファンレターが何枚も置いてあった。

人はなぜこれほど龍馬にひかれるのか。歴史上果たした役割への評価より、多分にその人間性＝郷士（下級武士）出身者に特有のヤンチャ坊主のような身軽さや先進性に魅力を感じているように思う。

薩摩藩が攘夷論のころ、イギリスと一戦を交えた（薩英戦争1863）天保山砲台跡をみに行ったら、近くに「坂本竜馬新婚の旅　碑」なるものがあった。龍馬と妻・おりょう（龍子）の2人が霧島登山をしたことが日本人の「新婚旅行第1号」だというのである。しかし、それ以前には結婚を機に旅行した夫婦は一組もない、と言い切れるのだろうか。

龍馬の死後、妻のおりょうは各地を転々としたのち、呉服行商人の西松

某と再婚し、1875（明治8）年から神奈川県横須賀に住み、1906年に亡くなるまで幸薄い生涯を送った。

　浦賀に近い信楽寺には「贈正四位下坂本龍馬之妻龍子之墓」と彫った堂々たる墓石がある。海軍の先達・龍馬に敬意を表して海軍工廠が贈ったものだという。

広島県福山市の鞆の浦に出かけた。近くで海援隊のいろは丸が沈んだこともあり、龍馬関係の史跡も多い。休日には写真のような龍馬が10人以上もおり、観光客にサービスしている。同行した娘が照れる私を並べてパチリ。

14 オッペケペーと演歌の心

　下の写真は東京・上野公園から程近い都営谷中霊園に建つ川上音二郎（オッペケペー節で一世を風靡した俳優・興行師・新派劇の創始者）の銅像だが、本体はすでになく、今残るのは台座のみである。

　最近なぜか著名人の墓参りが流行のようで「墓マイラー」という言葉まであるらしいが、谷中霊園に川上音二郎の「墓」があると書いている本や新聞記事にお目にかかるのは情けない。墓は音二郎の出身地・博多の承天寺にあり、これは銅像のそれも台座にすぎない。

谷中霊園に残る川上音二郎銅像の台座

　音二郎の銅像はもともとこの場所にあったわけではなく、没後間もない1913（大正2）年6月に東京都港区高輪の泉岳寺に建てられた。

　役者より興業師として成功した音二郎が、歌舞伎の世界で不入りの時は「忠臣蔵」を舞台にのせれば必ず大入り満員になったという伝説にあやかろうとしたのではないか。赤穂四十七士の墓所である泉岳寺には、音二郎の立てた碑や寄進した玉垣がたくさん残っている。

　それが翌年には新派俳優総代3名と松竹の白井松次郎・大谷竹次郎兄弟によってここ谷中に移された。理由はわからない。石の台座の上に立っていた音二郎の銅像は、アジア太平洋戦争がきびしさを増した1942（昭和17）年、妻の川上貞奴（日本の女優第1号）の了解のもとに兵器生産の一助にと献納され、溶かされてしまった。

　以上の経過は、台座に彫られた建碑の由来と1942（昭和17）年11月11日、

104

東京府知事（東京が都制を採用するのは翌 18 年）松村光磨が貞奴をたた
えた文章によってわかる。

　戦後、地元有志によって「再建を」との声もあったようだが、実現は難
しそうだ。

　川上音二郎とは何者？

　さて川上音二郎とはいかなる人物であるか。1864（元治元）年、福岡
黒田藩の御用商人の子として博多に生まれた音二郎は 14 歳の時、故郷を
出奔して東京へ出た。明治の世もすでに 10 年が経っているが、西郷の反乱・
西南戦争で世情は騒然としていた。

　東京での音二郎の経歴は実に波瀾万丈にして多彩。芝増上寺の小坊主に
なったかと思うと、慶応義塾で福沢諭吉の書生になったが非行で放逐され
た。裁判所の給仕もクビになり、洋傘の染め直しという行商をしたあと、
京大阪に流れて短期間だが巡査にもなった。これが 20 歳前後のこと。

　時あたかも自由民権運動の高揚期、民権派が求めていた国会開設も「明
治 14 年の政変」を機に、10 年後の 1890（明治 23）年という具体的な国
会開設の日程が約束された。きたるべき衆議院議員選挙に向けて自由党（総
理・板垣退助）や立憲改進党（総理・大隈重信）が支持者獲得をめざして
活発に動き出した。

　オッペケペーをひっさげて

　そのころ、音二郎は自由童子と称して暴れまわり、検挙されること数十
回。やがて芸人の世界に身を投じて浮世亭○○を名乗り、新作落語で寄席
の高座にも出た。

　川上音二郎の名と人気を一挙に高めた「オッペケペー節」の原型は「ヘ
ラヘラ節」など諸説あって明らかではない。

　初演は 1888（明治 21）年、大阪千日前の井筒座らしい。やがて関西で
の人気をひっさげて東京へ乗り込んだ。その舞台姿は、真っ赤な陣羽織に
後鉢巻き、日の丸の軍扇をかざして幕間に歌った。出身地福岡の中心部に
ある博多座の斜め前、福岡銀行前の歩道に博多人形風の像がある。

その歌詞は「権利幸福嫌いな人に　自由湯をば飲ませたい……」とはじまる。自由湯はすなわち自由党、「……うわべの飾りはよいけれど　政治の思想が欠乏だ　天地の真理がわからない　心に自由の種をまけ」とつづくのだ。
　作詞を音二郎自身としている本もあるが、若宮万次郎説が有力である。万次郎はのちに川上一座の一員になるが、帝国大学予備門に学んだインテリであった。

福岡・博多座近くの音二郎像

　これこそが本来の演歌である。自らの主義主張を言葉で訴えるのが「演説」（speechを演説と訳したのは福沢諭吉）であり、演説に節がついたのを「演説歌」略して「演歌」と称した。
　オッペケペーの人気ぶりは、舞台姿と歌詞を刷った何種類もの錦絵や「すごろく」が売り出され、「歯磨きオッペケペー」なる宣伝唄が作られるほどだったという。
　川上音二郎が本物の「民権」思想家だったかと言えば、はなはだあやしい。多分に時流に乗っただけで、まもなく日清戦争が起こると、戦場取材をふまえた「壮絶快絶日清戦争」という作品で大当たりをとっている。
　もともと板垣退助ら士族の民権論は多分に国権論を内包していた。個人より全体（国家）を上位に置き、国権を確立するためには民権（国会を開設し、国民を国政に参画させる）が必要だと考えたのだ。福岡の玄洋社のように民権結社がのちには国家主義団体（右翼）に変貌していく例さえあったのである。
　権利、幸福を主張していた音二郎が、ほどなく起こった日清戦争の勝利を「壮絶快絶」と称えるのも不思議なことではなかった。

私のオッペケペー

私は酔うと（酔わなくても？）素っ頓狂な声を張り上げて「♪ケンリ、コーフク知らない人に……」とはじめる癖がある。

他愛ない座興にすぎないが、どこで仕込んだかといえば、最初は劇団新人会が1963年に上演した福田善之作の「オッペケペ」（観世栄夫演出）。音二郎がモデルの役名・城山剣竜（役者の名は忘れた）がオッペケペを演じた。この舞台で長山藍子がいきなり貞奴（役名・みつ）の大役でデビューしている。

次は1984年秋に開かれた第2回「自由民権百年全国集会」（早稲田大学）の全体会場で特別参加したプロの演歌師が歌った。演者の桜井敏雄氏はバイオリン演歌で一世を風靡した石田一松（のんき節、戦後に代議士）の弟子。比較的おとなしいオッペケペだった。

翌1985年のNHK大河ドラマは「春の波濤」。音二郎役は中村雅俊、貞奴に松坂慶子。中村雅俊がオッペケペを歌うシーンはなぜかしっかりテープに録ってある。

日本人最初の録音はオッペケペー

極めつけは1997年、東芝EMIが売り出したCD「甦るオッペケペー」、副題に「1900年　パリ万博の川上一座」とあるではないか。さっそく2500余円を投じて買い込んだ。

解説を読むと、1899（明治32）年4月、川上夫妻をはじめ一座総勢19人が米欧巡業に出発。サンフランシスコでの興業は成功したものの、ギャラを現地世話人に持ち逃げされるなど苦難の連続だった。それでも1900年、東部のボストン、ワシントン、ニューヨークでは好評を博し、4月には大西洋を渡ってロンドンへ。7月からはパリで開かれた19世紀最後の万博会場で興業という幸運に恵まれた。

この間に、「日本人として最初のレコード録音」の機会があったわけだが、なぜか川上が帰国後に著わした『川上音二郎欧米漫遊記』にはこの録音のことが触れられていない。そのため19世紀に日本人の声がレコードに録音されていたことはまったく知られていなかった。それが1995年、イギ

リス・グラモフォン社に川上一座の録音レコードが存在することがわかり、CD化につながったという次第。このレコードには、オッペケペーのほかに長唄や詩吟、芝居のサワリの部分など、28もの演目が入っている。

ところが、オッペケペーの録音に肝心の音二郎が参加していない。万座の観衆によるヤンヤの喝采こそ生き甲斐だった音二郎にとって、マイクロフォンなどというけったいな代物の前で歌うなど願い下げだったのか。そう考えれば『川上音二郎欧米漫遊記』での無視も理解できる。

出演者の前口上に、「欧米漫遊の川上一座が、専売の『オッペケペー』をお聞きに達しまする」とあるが、そのあとにはなんとも景気の悪い歌が続くのである。座長は不在、客もいない、前には得体の知れない機械ばかりでは、「惣一座」と名乗る出演者一同も気勢が上がらなかったのかもしれない。

ぜひ音二郎さんに「表敬墓参」をとばかり、10年前に博多の菩提寺まで出かけたことがある。駅から10分ほどの「勅賜承天禅寺」は、13世紀前半に開かれた臨済宗東福寺派の寺だが、やたらと格式が高い。

開祖の聖一国師は宋に渡って修行し、帰国の際、うどん、そば、ようかん、まんじゅうの製法を伝えたそうで、境内には「饂飩蕎麦発祥之地」や「饅頭発祥之地」の碑などがある。

墓参りをと庫裏（僧侶の居住する場所）に行って頼んだら、遺族の許しがないと墓参は認められない、とつれない返事。わざわざ群馬から出向き、音二郎さんの墓に詣でるために、昨夜は博多のホテルに泊まったのにとねばったが、住職が許可すればいいがあいにく留守で……と、ガードは固かった。かくて我が追っかけは未完のままである。

明治・大正の演歌

「♪不景気極まる今日に　細民困窮かえりみず……」とはじまるのはオッペケペー節の2番だが、強欲非道な金持ちを痛烈に皮肉ったあとで、「地獄で閻魔に面会し　賄賂使うて極楽へ　行けるかえ」と呼びかけると客は一斉に「行けないよ」と応じたという。

この風刺、権力者批判こそが本来の「演歌」の真髄だった。民権運動、壮士芝居の隆盛とともに「ダイナマイト節」「ヤッツケロ節」「無茶苦茶節」「ストライキ節」などという勇ましい歌が街頭の演歌師を通じて人びとの間に広がっていった。

　明治から大正時代の演歌師でもっとも活躍したのは添田啞蟬坊（本名・平吉）である。息子の知道は自らも演歌に参加しながら文筆で身を立てた。名著『演歌の明治大正史』（岩波新書）には、父・啞蟬坊作詞の演歌を網羅して読む者を三歎せしむるものがある。浅草寺の境内には浅草の会が建てた父の碑と息子の筆塚がある。

浅草寺境内の啞蟬坊碑と知道筆塚

『演歌の明治大正史』から一つだけ引こう。題して「金々節」

　金だ金々　金々金だ　金だ金々　此世は金だ　金だ金だよ
　誰がなんと言ほと　金だ金々　黄金万能／
　金だ力だ力だ金だ　金だ金々　その金ほしや
　ほしやほしやの　顔色眼色　見やれ血眼くまたか眼／
　一も二も金　三も四も金だ　金だ金々　金金金だ
　金だ明けても暮れても金だ　夜の夜中の　夢にも金だ／
　泣くも金なら笑ふも金だ　愚者が賢く見えるも金だ

酒も金なら女も金だ　神も仏も坊主も金だ

　以上はほんのイントロ、この後に５倍以上の長さでつづく。
　「学者、議員も、政治も金だ」はもちろん、かの紀伊国屋文左衛門まで
もが「江戸の大火で暴利を占めた　元祖買占暴利の本家」とやられている。

　近年の演歌といえば？
　とここまで書いてきたら、新聞折り込みのチラシに「昭和から平成まで
夢の演歌大全集」、第１集だけでCD126曲とある。一番大きな顔写真は美
空ひばりと北島三郎、そして都はるみ、三波春夫、五木ひろし、八代亜紀、
細川たかし、石川さゆり、鳥羽一郎……。
　これはもう添田唖蝉坊に連なる演歌ではなく、かつて使われていた「艶
歌」の世界だ。そして本来の演歌の流れは、岡林信康、泉谷しげる、忌野
清志郎、高田渡らシンガーソングライターが担ってきた。
　彼らの曲には受難の歴史が少なくないが、被差別部落や障害者差別につ
ながる歌詞が問題にされたようだ（森達也『放送禁止歌』光文社　2003）。
　差別語問題でなくても、「自衛隊に入ろう」（高田渡が作詞し歌ったパロ
ディ）や原子力発電反対（忌野清志郎）の歌は放送が許されなかったとい
う。忌野清志郎の歌は放送どころかＣＤへの収録もだめだったことは、東
芝ＥＭＩの親会社が原子炉メーカーだったかららしい。

コラム2　恩讐の彼方に

　福岡市のはずれにある志賀島へ行ってきた。もとは離れ島だったが、砂嘴が伸びて（海の中道）今は陸とつながっている。

　江戸時代中期に農民が偶然ここで金印をみつけた。中国の『後漢書』に書かれている「1世紀の中ごろ倭の奴国王が後漢の光武帝に使いを送り金印を与えられた」という記述が裏付けられたものとして今は国宝、実物は福岡市立博物館に展示されている。

　出かけた目的は「金印出土地」に立ってみたいという他愛ないものだったが、思いがけず近くで「蒙古塚」をみつけてびっくり。

　鎌倉時代、二度にわたってモンゴル軍が来襲、北九州は戦場と化した（元寇）が、これは元軍兵士の遺体を葬った場所である。

　塚の傍には満州軍閥・張作霖の漢詩、いわば敵兵を懇ろに供養した日本人への謝辞らしい。

　その張作霖を満州支配の役に立たずとみた関東軍は列車を爆破、殺してしまった（1928年）。

　国内戦では勝敗は時の運、戦が終わればラグビーのノーサイドと同じで敵味方一緒に葬るのは珍しくなかったが、元寇の際の死者を平等に弔うために創建された寺が鎌倉の円覚寺だった（北条時宗開基）。

　≪官軍限定≫の靖国神社とは大ちがいだ。

元軍兵士の塚（志賀島）

15 真の文明は……①（富国強兵の裏側）

　なにやら思わせぶりな題を掲げたが「真の文明は」の次には「山を荒さず　川を荒さず　村を破らず　人を殺さざるべし」と続く。生涯を足尾鉱毒との闘いに捧げた田中正造の言葉である。

　3・11大震災と福島第一原発の事故が引き起こした自然破壊と人びとの故郷を奪った罪を考えれば、原子力発電は「真の文明」の名に値せず、としかいいようがない。

閉山5年後の足尾にて

　私がはじめて栃木県足尾町を訪れたのは1978年の夏、銅山の閉鎖から5年後のことで、人の住まなくなった鉱員住宅は荒れるにまかされ、本山坑では再利用できそうな鉄材などが運び出されていた。

　町の中心にある通洞坑の坑口では、放置された鉱車が湧き水に浸かっていたが、2年後には「銅山観光」として、ほんの一部だが坑内を見学できる施設ができた。

閉山5年後の通洞坑口

銅山の歴史は江戸初期から

足尾で銅の採掘がはじまったのは1610（慶長15）年、備前国（岡山）の農民、治部と内蔵が黒岩山で銅の鉱脈を発見したのがきっかけだという。

農民といっているが、諸国を渡り歩いて鉱山を探し、一攫千金をねらう「山師」だろう。日光社領だった山はのちに幕府直轄となり、幕府は二人の功績をたたえて黒岩山を備前楯山（1273メートル）と改めている。

採掘された銅は、渡良瀬川に沿う銅街道を平塚河岸（現・群馬県伊勢崎市）まで運び、ここから利根川、江戸川の水運を経て浅草御蔵に納められた。群馬県内には江戸に継ぎ送りするための銅蔵が、みどり市など3か所に残されている。

17世紀には採掘量の激増で「足尾千軒」といわれるほどの繁栄をきたした。一時期、足尾で寛永通宝の鋳造も行なわれた。裏面に「足」の字があったので「足字銭」と呼ばれ、約2千万枚が鋳造された。しかし、江戸時代は採掘技術も低く、末期には産銅量も激減し、19世紀中ごろには休山状態になっていた。

古河市兵衛のビジネス感覚

維新で足尾銅山は明治新政府に接収されたが、間もなく払い下げられ、何人かの手を経て、古河市兵衛の所有に帰した。

市兵衛は京都の生家が没落後、伯父の下で修業し、25歳で古河家の養子となって商才を発揮していた。そして、1877（明治10）年、代金4万8千円余で足尾銅山の経営権を手にいれた。旧坑ばかりで、銅山の再生は疑問視されていた時代だった。

しかし、1880年代以降、次つぎと直利（富裕な鉱床）が発見されて、1891（明治24）年の古河産銅は全国生産額の47.8％を占めるにいたる。その後、古河橋（赤倉と本山を結ぶ鋼鉄製のトラス橋。ドイツから輸入）や間藤に水力発電所、空中索道（鉄索ケーブル）など、日本初の施設、設備が作られた。

本山・通洞・小滝の主要坑口から備前楯山の地底深く掘られた坑道の総延長は、最終的には実に1234キロメートルに達した。現在の鉄道線路に

沿って伸ばしていけば、間藤〜桐生〜高崎〜東京〜新山口の先まで。東京起点なら博多まで1174.9キロメートルである。

　公害の原点・足尾銅山
　古河に経営が移った直後から渡良瀬川の水につかると、足の指の股がただれる人が増えた。1880（明治13）年には栃木県令・藤川為親が「渡良瀬川の魚族は衛生に害あるにより一切捕獲することを禁ず」と、布告を出したが、彼はなぜか島根県令に転任させられる。
　鉱毒問題が深刻化するのは、1880年代後半以降、探鉱・採掘技術の進歩により産銅量が飛躍的に増加してからであった。
　「渡良瀬川の魚類絶滅の原因……古河市兵衛氏が足尾銅山を借区し、製銅に従事せし以来、不思議にも同河の魚類減少し、今は全くその跡を絶ち、沿岸の漁夫はために活路を失するに至れり……」（『郵便報知新聞』　1880（明治23）年1月27日）
　足尾銅山の鉱石は、硫黄と銅と鉄を含む黄銅鉱といい、大量の黄銅鉱を溶鉱炉で溶かすと、硫黄分は空気中の酸素と結合して二酸化硫黄（SO_2　亜硫酸ガスとも）となり大気中に放出される。SO_2は水に溶けると硫酸と

製錬所の煙突から出る煙が山の木を枯らした

なり、雨や霧に吸収された酸性雨、酸性霧となって地上に降下する。降下した硫酸は、山の樹木に沈着して木を枯らした。いわゆる「立ち枯れ」である。

煙害による枯死以外にも、山々で乱伐が進んで保水力を失わせた。乱伐の原因は、坑道の延長に伴い多くの支柱を必要としたほか、製錬用や蒸気機関用の燃料、従業員の住宅建築用材や薪炭用として大量の木材が伐採されたことによる。

こうして一木一草も生えていない荒涼たる風景が現出した。被害は鉱山の周囲23.4平方キロが裸地となり、そのほかに激害、中害、微害地合わせると約400平方キロメートルの山林が被害を受けた。

最大の激甚被害を受けた松木村は1901（明治34）年、古河が買収して廃村になった。松木渓谷一帯は「日本のグランドキャニオン」などといわれたが、松木村跡に残されている墓石によって、かつてここに人びとの豊かな暮らしがあったことが偲ばれるのみである。

松木村跡の墓石群と荒涼たる山肌

保水力のないはげ山に降った大雨は、ただちに渡良瀬川の洪水を引き起こした。しかもその水はズリ山（鉱滓）から流出し、さらに選鉱場、製錬所の排水に含まれる硫酸銅の水溶液だったから、毒水は魚貝類を死滅させ、

氾濫によって沿岸の田畑に甚大な被害をもたらした。これが足尾鉱毒問題である。

被害は甚大なのに——政・官・財のトライアングル

1890（明治23）年、大洪水で被害を受けた栃木県吾妻村が、村長名で鉱毒に関する「上申書」を県に提出するが、会社側は被害の原因が銅山にあると認めない。翌年、渡良瀬川沿岸の青年有志が銅山の監督官庁である農商務省に鉱毒の調査を依頼するが拒絶される。

利潤追求が目的の会社は、利益を生まない鉱毒除去装置になど金をかけたくないから因果関係を否定する。富国強兵を目指す政府にとって、銅の増産は至上課題である（日清戦争は1894〜1895年）。

加えて人間関係でも典型的な「政財癒着」があった。山縣有朋内閣で農商務大臣を務めた陸奥宗光は、銅山の主・古河市兵衛と親交があり、陸奥の次男潤吉は市兵衛の養子となって二代目社長に就任している。陸奥の秘書官・原敬（のちに首相）は、潤吉を補佐すべく副社長になった。市兵衛には実子・虎之助がおり、潤吉の病死後に三代目社長になっている。

企業と癒着していたのは政治家だけではない。鉱毒問題を監督するのは東京鉱山監督署だが、その署長だった南挺三は退官後、ただちに古河の鉱業所長に天下っている。まさに政官財のトライアングル。

足尾で鉱業所長といえば、町長よりも偉い存在、それがのちの「足尾暴動」の際には、真っ先に所長官舎が襲われ、贅を尽くした家具調度は壊され、南所長は怒りの坑夫たちによって袋叩きの目に遭う。

田中正造の登場

栃木県選出の衆議院議員田中正造（立憲改進党）が帝国議会ではじめて鉱毒問題に関する質問書を提出したのは、1891（明治24）年12月のことである。政府は「被害の原因不明につき調査中、会社は粉鉱採取器を購入して鉱物の流出予防準備をした」旨答弁した。

以後、議会の度に正造の鉱毒演説は熱を帯びていく。

「田（中）正（造）は……又々其生命となせる鉱毒の大気焔を吐かんと

て也。大気焔々々々虎の如く咆哮して硝子天井も為に破れんばかりなれど、其の議論や新しきに非ず、彼が十年一日の如く繰返し繰返して既に議員の耳に蛸の入りたる所……さりとて彼の叱咤を恐れて之を妨害するものもなし。彼は思ふままに政府の冷淡を攻撃し……満面朱を注ぎて怒り狂へり。彼の執着や実に驚く可く又感ず可し」。『萬朝報』1898（明治31）年12月11日の記事である。

　1900（明治33）年2月、被害民数千人が4回目の押し出し（請願のため大挙して上京をはかること）、途中警官隊に阻止され、多数の負傷・検束者を出した（川俣事件　現・群馬県邑楽郡明和町川俣）。

　館林市の雲龍寺（同市下早川田町）には、栃木・群馬両県の鉱業停止請願事務所が置かれたが、のちに埼玉・茨城を含む四県鉱毒被害民の闘争本部となっていた。

　押し出しの際は同寺が集合・出発地点となり、農民を招集するのに打ち鳴らされた鐘が残り、また田中正造分骨地の一つでもある。

　正造は議会で、請願に向かう農民を警官隊が待ち伏せし、サーベルで土百姓、土百姓とかけ声をかけながらなぐった挙句、大勝利万歳の勝どきをあげるとはなにごとだ、と激しく糾弾するとともに、「亡国に至るを知らざれば、これすなわち亡国の儀につき質問書」を提出している。

　これに対する政府の答弁書は「質問の趣旨、その要領を得ず。よって答弁せず。右答弁に及び候也　内閣総理大臣　侯爵　山縣有朋」というなんとも人を食ったものだった。

　こうして議会での活動に限界を感じた正造は、1901（明治34）年10月に衆議院議員を辞職したのち、12月10日、天皇への直訴という非常手段に出る。当代きっての名文家といわれた幸徳秋水に起草を依頼しながら、正造自身が多くの加筆・訂正をした「直訴状」を右手に高く掲げて、帝国議会の開院式から帰る天皇の馬車に駆け寄ろうとした。しかし、袴の裾がからんで転倒、たちまち警備の警官に取り押さえられ、天皇の馬車はなにごともなかったように走り去った。

　正造の行為は少なくとも「不敬罪」にあたり、起訴され法廷で裁かれるべきものだが、そうなれば正造が訴えようとした足尾鉱毒問題の実態が広

く天下に知れ渡る。それを阻止するため権力は「田中正造は精神に異常を来たしたのだから責任を問えない」として不起訴とし、鉱毒の事実にフタをしてしまった。

　足尾における労働運動
　日清戦争（1894 ～ 1895）後、日本の資本主義が発展する中で労働組合の結成、労働争議が相次いだ。脅威を感じた政府は治安警察法を制定（1900）し、組合の結成や争議行為を事実上禁じたから、20 世紀初頭に労働運動は一時的退潮を余儀なくされた。
　しかし、鉱山労働者の運動は独自の展開をみせる。1902（明治 35）年、北海道夕張炭鉱の鉱夫だった南助松、永岡鶴蔵らによって「大日本労働至誠会」が組織されたのだ。至誠会は最初その名の通り、多分に修養的団体だったが、やがて片山潜（初期労働運動の代表的指導者）と接することで、労働組合的性格を強めていく。
　永岡鶴蔵は 1903 年暮れ、全国の鉱山労働者組織のため夕張を離れるが、出発に際して片山潜に宛て、覚悟の程を書き送っている。
　「小生は一大覚悟を以て日本数万の坑夫の為めに一身一家を犠牲にするも顧みず候。……七名の家族を北海道の雪中に投じ、一家の家財道具を売り飛ばし旅費として出発致すべく候。……一家の処分に就ては大略左の如く相定め候。
一、四歳になる子は養女にやる。
二、八歳の子は二歳の児の守をなす。
三、十歳の子は学校より戻りて菓子売りをなす。
四、十二歳の子は朝夕の御飯焚きを引受け通学す。
五、十五歳の子は昼は器械場に労働し、夜は甘酒を売る。
六、妻は昼間停車場に出て荷物運搬をなし、夜分は甘酒を売ること。
　右昨日より実行致し居り候。愈々之よりは大いに天下に遊説して、主義の為めに殉ずる心組みに御座候。　明治三十六年十二月七日」

16 真の文明は……② (政府・大企業とのたたかい)

足尾暴動起こる

「大日本労働至誠会」の永岡鶴蔵が悲壮な覚悟で北海道を後にしたのは1903 (明治36) 年12月である。翌年4月には足尾で「大日本労働同志会」を組織したが、鉱業所や警察の圧迫もあって会員は一時的に減少した。

大きく発展するのは1906 (明治39) 年10月、鶴蔵の同志・南助松が足尾にきて、両名の指導の下「大日本労働至誠会足尾支部」が結成されてからである。

坑夫たちの不満は賃金の安さと、飯場頭が賄賂を取ることであった。坑内作業は同じ時間働いても、比較的容易に掘り進める場所と、岩盤が固くて能率の上がらない場所があり、それはたちまち収入にひびいた。掘削場所 (切羽) の割り当て権限を持つ飯場頭が、賄賂次第でサジ加減していたからである。

1907 (明治40) 2月5日の『朝日新聞』が「賃上げ問題こじれ、坑夫九百人が暴動」との見出しを掲げて事件の第一報を伝えた。

「(宇都宮) 足尾銅山の坑夫は、過日来しきりに賃金引き上げ運動をなし居りしが、事ついに破裂し、今四日午前九時半、同鉱山通洞坑内一番坑に在りし坑夫五百余名、同二番坑内に今朝入坑したる坑夫四百余名、都合九百余名合体して、外部へ通信の出来ざるよう電線を残らず切断し、……暗黒なる坑内は実に悲惨なる修羅場と化せり。」

しかし、南や永岡ら至誠会幹部は打ちこわしがはじまるとすぐかけつけて鎮撫につとめ、「乱暴してはかえって坑夫にとって不利益になる。諸君、要求すべきところは、至誠会が諸君のために尽力する」と、説得にあたったというのが事実であった。

2月6日朝、坑夫3600余人の名で24か条の請願書が足尾鉱業事務所に提出されたが、同じころ至誠会事務所に足尾警察署から出頭の呼び出しがあった。南、永岡ら幹部6名が出頭すると警察は彼らを教唆扇動者として拘引、午後には兇徒聚衆罪(きょうとしゅうしゅうざい)の令状で宇都宮裁判所に護送した。坑夫たちが

至誠会幹部の検挙を知ると事態はいっそう悪化する。

警察と軍隊が出動

「事務所、警察署を襲撃、軍隊出動を要請」(2月7日付『報知新聞』見出し)。

怒り狂った坑夫たちは本山にあった鉱業事務所を打ちこわし、さらに南挺三所長（元東京鉱山監督署長）の役宅を破壊して所長を袋叩きにした。

衝撃を受けた政府は、原内務大臣（前古河鉱業副社長）が「陛下に拝謁して、足尾における暴動の状況を奏上」(『原敬日記』2月7日付)するとともに、警察力だけでは不充分とみて陸軍大臣と相談し、高崎の歩兵第十五連隊から三個中隊約320名が派遣された。当時の経路は、高崎から大宮、日光を経て足尾にはいっている。のちに栃木県知事の要請を受け、陸相はさらに一個大隊を増派した。

民衆の実力蜂起の鎮圧に軍隊が出動したのは、1884（明治17）年、自由民権運動最大最高の蜂起といわれる「秩父事件」以来のことである。

全山に戒厳令が布かれ、警察と軍隊が一体となっての鎮圧で、検挙された坑夫は600名以上にのぼった。あまりの多さに警察の捕縄が足りなくなり、導火線で縛り上げたという。いちばんねらわれたのは至誠会の会員だが、『平民新聞』の購読を通じて東京の平民社までもが家宅捜索を食らっている。

足尾暴動の意義

軍隊と警察の力で、騒動は2月8日にはほぼ鎮静化した。会社は「暴動」に加わらなかった小滝坑の坑夫を除き、本山・通洞坑の全坑夫をいったん解雇、身元の確かな者だけを再雇用し賃金も多少は改善された。また、政府は一方で弾圧体制を強化しつつ他方では労働保護法制へと進むのである(1911「工場法」成立)。

兇徒聚衆罪で起訴された38名のうち、暴動で放火や建物の破壊に加わった22名に第一審の宇都宮地裁は有期徒刑や重禁錮（5年〜1年）、6名に罰金（10円・5円。明治39年の巡査の初任給が12円）の判決を出したが、南・永岡ら至誠会の幹部は暴動の首魁、教唆の証拠不十分として無罪となっ

た。二審の控訴院、さらに大審院でも控訴・上告が棄却されて一審判決が確定している。

　判決理由には、坑夫たちの労働条件の劣悪さに加え、南鉱業所長の苛酷なやり方や飯場頭のワイロ体質が厳しく指摘されている。

　釈放された永岡鶴蔵は翌08年4月、足尾銅山を訪ねた。ところが会社は坑夫らに対し「彼と交際したり世話した者は直ちに解雇する」と言い渡し、「町家で彼を宿泊させた者は立ち退かせ、農家なら小作地を取り上げさせる」といいふらした。永岡に会おうとやってきた多くの坑夫が、警官に妨げられてむなしく帰った。

　「たとえ一坪でも地上権があれば、小屋掛けしてもがんばる」と意気込んでいた永岡も、ついに涙をのんで足尾から退去せざるを得なかったのである。

　こうして足尾の坑夫たちのたたかいは終息したが、余波は、幌内炭鉱（北海道）や別子銅山（愛媛）をはじめ、全国各地でのストライキや暴動に及んだ。

　「足尾暴動」は明治期労働運動のピークをなすとともに、事件の評価が日本の社会主義運動における路線対立にまでつながった。暴動の直後に開かれた日本社会党第2回大会は、政府が軍隊を出動させて騒擾を鎮圧したことを非難する決議をしたが、同時に運動の発展にとって「議会政策」を重視する考え方に対して痛烈な批判をまき起こした。次は「直接行動」を主張する幸徳秋水の演説である。

　「田中正造翁は最も尊敬すべき人格である。……しかるにこの田中正造翁が二十年間議会で叫んだ結果は、どれだけの反響があったか。諸君、あの古河の足尾銅山に指一本さすことが出来なかったではないか。しかして足尾の労働者は三日間にあれだけのことをやった。のみならず一般の権力機構を戦慄せしめたではないか（拍手）。暴動は悪い、しかしながら議会二十年の声よりも三日の運動に効力のあったことだけは認めねばならぬ」

　この積極的評価は、「議会政策」を重視する片山潜らの軟派と「直接行動派」（硬派＝幸徳、山川均、大杉栄、荒畑寒村ら）の対立として日本の

社会主義運動に大きな影響を及ぼしたのである。

　暴動で本山地区にあった鉱業事務所や幹部の社宅は焼き討ちにあったため、以後銅山経営の中心地は掛水地区に移る。今も同地には足尾の迎賓館と呼ばれる「掛水倶楽部」があり、周辺の地区には高い塀をめぐらしたかつての幹部職員たちの社宅が残っている。

「足尾の迎賓館」こと掛水倶楽部

鉱毒問題のその後
　「足尾暴動」で思わぬ紙幅を費やしたが、これより先、渡良瀬川下流域における鉱毒問題はどう展開していたのだろうか。
　1897（明治30）年以来、鉱毒の被害に苦しむ農民がしばしば集団で上京、請願をはかったことは前にも触れたが（押し出し）、とりわけ警官隊と衝突し多数の検束者を出した川俣事件（1900年）を境に、人びとの関心が高まった。田中正造の議会活動に加え、現地からの報道が大きく世論を動かしたのである。
　1900年7月、神田青年館で鉱毒調査有志会が組織され、社会主義者の作家・木下尚江は『足尾鉱毒問題』を刊行した。
　1901年11月には婦人矯風会が鉱毒地救済婦人会を発足させ、本郷（現・東京都文京区）の中央会堂で木下尚江・田中正造らも出席して「足尾鉱毒

地救済演説会」を開催した。

このとき、一人の帝大生が呼びかけに応じてカンパをした美談が新聞でも報じられたが、当の本人が自伝の中で書いている。身ぐるみ脱いで寄付しようとしたその学生はのちにマルクス主義経済学者で京都帝大教授、『貧乏物語』を著わして共産党員となった河上肇であった。

「私は明治三十四年十一月末、本郷の中央会堂で開かれた『婦人鉱毒救済会』の演説会を聴きに出かけた。足尾鉱毒地の罹災民救済のため、義金ならびに衣類の寄付を求めるために催された演説会で、それは非常な盛会であった。演説会の途中では小さな竹籠が廻されて義金が集められた。そして救済会では罹災民へ衣類を送ってやることになっているから、シャツの破れたのでも足袋の古いのでもよいから、不用なものは会の事務所まで送り届けてくれろ、とのことであった。

私は、かわるがわる演壇に立った何人かの弁士の演説から、たくさんの罹災民がこの厳冬を凌ぐべき衣類とてもなしに鉱毒地を彷徨しているかの強い印象を受けた。（中略）私は躊躇するところなく、さしあたり必要なもの以外はいっさい残らず寄付しようと決心した。私は会場を出るとき、着ていた二重外套と羽織と襟巻を脱いで係の婦人に渡し、下宿に帰ってからは身に纏っている以外の衣類を残らず行李に詰め、翌朝人力車夫に頼んでこれを救済会の事務所まで送り届けた」（河上肇『大死一番』）

古河夫人の悲劇と一族の栄華

本郷中央会堂の演説会場には、ご主人様のいいつけで参加した一人の女性がいた。ご主人様とは古河鉱業の社長夫人・タメ（為子）である。鉱毒問題が世間で大問題になっているらしいが、彼女は実態をまったく知らなかった。気にはなるが自分で出かけるわけにもいかず、女中に命じて様子を探らせたのである。

田舎から出てきて古河家の女中になった若い彼女が、鉱毒被害の惨状や会場の熱気ぶりを報告するのを社長夫人は静かに聞いていた。

夫人が水死体となって発見されたのは翌朝のことである。夫が経営する

銅山の実態を知ってショックを受け、深夜に自邸を抜け出し神田川に身を投げたものと推測された。

　富国強兵策を進める国家権力と一体になって財をなした古河一族、その栄華は旧古河庭園からも偲ばれる（現在は都立庭園、東京都北区西ヶ原一丁目）。

東京都北区にある都立古河庭園

　ここはもともと陸奥宗光の邸宅があった場所である。二男・潤吉が市兵衛の養子になって二代目社長になったところから、古河家の所有になった。

　現在の建物と庭は、三代目社長・虎之助（市兵衛の実子）が1919（大正8）年に造営したものである。写真の洋館と洋風庭園はジョサイア・コンドルの設計、手前低いところには京都の植治こと小川治兵衛作庭になる和風回遊式庭園がある。

　あまりの豪勢さに足尾暴動の際、怒り狂った坑夫たちが鉱業所長・南挺三の社宅を襲って絹布の夜具や衣類を引き裂きながら「オレたちの稼いだ金で、こんなぜいたくをしているのか」と叫んだという話を思い出してしまう。1906年当時の南所長の月給は250円、ちなみに巡査の初任給が12円の時代である。

強制立ち退きに追い込まれる時代

　乱伐と煙害でハゲ山になった足尾山地の保水力が失われた結果、渡良瀬川は1890年代からしばしば大洪水を起こし、氾濫した川水に浸かった稲は立ち枯れ、あるいは甚だしい収量の減少をきたした。

　農民の求めで土壌を分析した農科大学教授・古在由直は、鉱毒の主成分を銅化合物・亜酸化鉄・硫酸と報告している。

　特に1896（明治29）年には三度にわたって大洪水を起こし、下流に大きな被害をもたらした。

　1902（明治35）年、政府は対策として渡良瀬川下流に鉱毒の沈殿池を作ることを計画し、当初は埼玉県北埼玉郡川辺村・利島村（現・加須市）が候補地だったが反対が強く、栃木県下都賀郡谷中村に変更した。

　当時の谷中村は面積約1000町歩、戸数387戸、人口は約2500人。鉱毒被害が起こるまでは、人びとが農業で豊かに暮らす村だった。

　1903年1月、栃木県会は谷中村遊水池化案をいったんは否決・廃案とするが、翌年12月には秘密会で谷中村買収を決議した。栃木県は谷中村会の反対を押し切って強制廃村と藤岡町への編入を決定したのである。

　やむなく村民の多くは茨城県古河町（現・古河市）、栃木県藤岡町、群馬県板倉町などへ移住し、なかには遠く北海道常呂郡佐呂間町に移った人もおり、ここには栃木という町名がある（〒091－0558）。

　立ち退きにあたって、田畑の買収額が近隣町村に比べてきわめて安かった。鉱毒のため、作物が育たなくなった時点での評価額を基準にしたためである。不満な村民は裁判に訴えたが、わずかな増額であきらめざるを得なかった。

　谷中村にきた田中正造を含めて、一部の村民は移住を拒んだが、政府は土地収用法で村に住みつづければ犯罪者として逮捕すると脅し、立ち退かなかった16戸は強制執行で取り壊された。それでも16戸は掘っ立て小屋で住みつづけたのであった。

　現在、旧谷中村跡は、谷中湖を中心に国土交通省が管理する一大レクリエーション地域になっているが、一部は史跡ゾーンとして村役場、雷電神社、延命院の跡、共同墓地などが見学できる。

国家権力が人びとの暮らしを奪った

　ある秋の日、墓は一面の曼珠沙華(ヒガンバナ)に埋もれていた。

⟨17⟩ 真の文明……③（国の富とはなにか）

時の流れ

　今では第3セクターわたらせ渓谷鉄道だが、以前の国鉄足尾線は、群馬県勢多郡東村（現みどり市）から県境を越えて栃木県上都賀郡足尾町にはいると、まず原向（はらむこう）の駅に着く。さらに通洞、足尾、そして終点の間藤まで、小さな町に国鉄の駅が四つもあるのが自慢だった。

　平成の大合併で日光市足尾町、日本で3番目の面積を有する大きな市になった。ちなみに1位の岐阜県高山市は香川県や大阪府より面積が広い。

　渡良瀬川の対岸の駅が原向、銅街道に沿う地域は原である。町の中心へと向かう道と別れて左折、北上するとやがて小滝の里に着く。

　足尾銅山の三山のひとつ、小滝坑は1885（明治18）年に江戸時代の旧坑を改めて開坑された。富鉱が発見されて本山坑・通洞坑とも連絡し、小滝には病院、学校もできて大正期には人口1万人を超え、最盛期には数軒の料理屋や芸妓屋があった。

元小滝の住民でつくる「小滝会」が建てた碑

　1954（昭和29）年、合理化に伴う閉坑で住民はすべて去り、今は「小滝会」が建てた大きな碑と選鉱所・製錬所跡、火薬庫跡の標識や坑口近くの崖に

残るハチの巣状の穴（坑夫が削岩機の調子を調べた）にかつての小滝の繁栄ぶりを偲ぶのみである。

強制連行の事実と証拠隠滅

　小滝からさらに北に進むと銀山平がある。ここにはキャンプ場や国民宿舎・かじか荘（日光市足尾町 5488）があり、庚申山（1892 メートル）や皇海山（2143 メートル）への登山基地になっている。銅山の上にそびえる備前楯山へは手ごろなハイキングコースの出発点だ。

　そして銀山平には、仰ぎみるような巨大な慰霊塔がそびえ立っている。高さは 13 メートルもある。

　時代はずっと下って 1942（昭和 17）年、全面日中戦争の開始以来 5 年、太平洋戦争では緒戦の勝利に狂喜したのもつかの間、この年 6 月のミッドウェー海戦に大敗、戦局の転換点となる。

　働き盛りの男たちはみな戦場に出て行き、国内の炭鉱・鉱山や建設現場の労働力不足は決定的となった。

　そこで政府は 1942 年 11 月 17 日、産業界の要請を受け「華人労務者内地移入に関する件」を閣議決定する。責任者は岸信介商工大臣（安倍晋三首相の母方の祖父）、翌年 5 月からいわゆる「強制連行」がはじまった（「労工狩り」）。

　以後、敗戦まで 38935 人の中国人が全国各地の 35 社、135 事業場で強制労働させられ、多くの人が命を落とした（「外務省報告書」による）。

　1944（昭和 19）年 11 月、足尾の古河鉱業に連行されてきた中国人は257 人だが、最も若い人で 17 歳、逆に高齢は 64 歳だった。国民党正規軍や人民解放軍（八路軍）の俘虜（捕虜）のほか農民、商人などがいた。9か月後の日本降伏で解放されるまでに 109 人が亡くなった。死亡率は実に40 パーセントを超え、ほかの事業場に比べ飛び抜けて高い。

　死因には、坑内作業中の頭蓋骨骨折や墜落死、ガス中毒など鉱山特有のものもあるが、圧倒的に多いのは栄養失調と胃腸カタルなど消化器系疾患であった。日本人も絶えず空腹感に悩まされていた食糧不足の時代、彼ら

の飢餓状態は容易に想像できよう。

　中国人たちは小滝から庚申川を隔てた対岸に飯場が作られ、脱走を防ぐため厳重に監視されていた。奴隷的状況に置かれていた彼らの住まいの名は「興亜寮」であった。

　慰霊塔の基礎部分にはめこまれているのは庚申川の玉石109個は、犠牲者の数をあらわしている。建立したのは中国人殉難者慰霊栃木県実行委員会で、1973（昭和48）年4月のことだった。前年9月に田中角栄首相が中国を訪問し、国交正常化の「日中共同声明」に調印していた。国交回復が成ったからといって、一気に慰霊碑建立が実現するわけではない。それ以前に、心ある人たちによって強制連行と強制労働に関する粘り強い調査と日中友好の運動が続けられていたのである。

　「昭和二十年八月十六日より戦時中の華人および朝鮮人に関する統計資料、訓令その他の重要書類の焼毀を軍需省より被命、ただちに課員をして整理し、会計経理に関するものをのぞき、私物といえども一物をも残さず桜田国民学校裏地にて焼き、三日間を要した」（『日本建設工業会華鮮労務対策委員会活動記録』）

　東日本造船函館工場の『事業場報告書』（外務省が中国人・朝鮮人の労働実態について全事業場に調査の上報告させた）には、「この調査にあたってもっとも困難をきたしたのは終戦直後、その筋より重要書類はすべて焼却せよという達示により焼却したこと」とある。

　強制連行・強制労働について訴訟を起こされ、謝罪と補償を求められた被告企業は決まって「資料（証拠）がない」と言い逃れる。資料がないのは、自分たちが3日もかけて燃やした結果だ。文字で書かれた証拠がないことがすなわち事実がなかった、ということにはならない。ことはいわゆる慰安婦問題でも、沖縄戦における住民の集団自決でも同じだろう。

　中国人慰霊碑と朝鮮人慰霊碑の「差」

　銀山平から小滝まで戻ると、専念寺（小滝坑閉鎖とともに廃寺になった）説教所跡に朝鮮人の慰霊碑がある。

道路からわずかにはいるのと、入り口には特に標識もないので、うっかりすると見落としてしまう。ここを訪れた人はだれも、銀山平の中国人慰霊塔とのあまりの差に奇異の念にかられるだろう。ハングル文字も含め、木の墓標、慰霊碑が林立し、傍らには犠牲者73名の名を記した銘板が立つ。銘板をていねいに読んでいけば、「創氏改名」の跡も明らかにみてとれる。

　当初、朝鮮人犠牲者数は30名とも100名以上とも諸説あったが、「栃木県朝鮮人強制連行真相調査団」が、火葬・埋葬許可証や寺の過去帳を丹念に調べた結果、家族を含めて73名という数に落ち着いた。この銘板が立てられたのは1997年8月のことである。

　それにしても、中国人と朝鮮人であまりにちがうこの差はどこから生じたのであろうか。

　思うに、中国は正式に宣戦布告こそしなかったものの、1931（昭和6）年の満州事変以来足掛け15年にも及ぶ交戦国であり（その本質はまぎれもなく日本の侵略）、1945（昭和20）年の日本の敗北によって両国に残ったそれぞれの国民の帰国問題が解決を迫られる大きな問題として存在したこと。加えて戦後に再び起こった中国国内の国共内戦の結果、1949（昭和24）年に中華人民共和国が成立すると、新中国との国交回復をめざす日中友好運動が進んだことが「殉難者慰霊実行委員会」の結成へと進んだと考えられる。

　それに引きかえ、朝鮮人は1910（明治43）年の「韓国

専念寺跡地の朝鮮人慰霊碑

併合」以来植民地とされ、「半島人」という差別意識丸出しの呼び方をされながらも、建前としては日本人で、外国人とは考えなかったという事情が介在するように思われる。

　私は「足尾に行けば日本の近代がみえる」と勝手に思っている。
　明治以後の急激な近代化（富国強兵策）が農民や労働者の犠牲の上に推し進められ、資本主義の発展のためには絶えざる市場（原材料の確保と製品の販売）の拡大を必要とするが、貧しい農村、都市部では低賃金労働者が圧倒的で国内需要は乏しく、海外市場の獲得へと向かわざるを得ない。
　そして海外進出は常に軍事力を背景として行なわれ、富国のための強兵、強兵を通じての富国が進められた。向かう先がアジア各国、とりわけ朝鮮・中国であったことはいうまでもない。足尾には国内の弱者とともに、アジアの人びとを踏み台にしながら日本の近代化が進められた「負」の部分が色濃く残っているのである。

田中正造の最期とその後
　さて、旧谷中村である。土地収用法に基く家屋の強制破壊（1907 年）にあっても、田中正造や廃村を認めない農家 16 戸は掘っ立て小屋を建てて住み続けた。たたかいは土地収用補償金額に対する不服の訴えと渡良瀬川改修工事への反対運動だった。
　工事は谷中村の赤麻沼に落として遊水池化し、洪水を防ぐという大胆な案があった。谷中村復活を願う正造や残留民にはとうてい受けいれられないものである。
　1913（大正 2）年 4 月には赤麻寺で「下都賀郡南部危急存亡問題政談大演説会」を開いて遊水池の有害性を説いたが、長年のたたかいによって正造はすっかり健康をそこねていた。
　7 月、病躯を人力車にゆだね「たくはつ」と称して運動資金の援助要請のため、藤岡から佐野・足利を回ったが、ふたたび谷中に戻ることはなかった。
　河川調査から谷中村へ帰る途中の 8 月 2 日、栃木県安蘇郡吾妻村下羽田

（現・佐野市下羽田町）の庭田清四郎宅で倒れた。献身的な看護を続ける正造の支援者や全国からの見舞い客に対し「自分の健康が問題なのではない。こんなに自然を破壊し続けるこの国の乱れが心配」といい続けていたという（布川了『田中正造　たたかいの臨終』　1996　随想舎刊）。

正造生家では遺墨などにたたかいの跡が……

　9月4日没、享年72。死因は胃がん・幽門狭窄・心臓腎臓障害。盛大な葬儀の後、どこに墓所を作るかで正造に心酔する人たちの間に一悶着あったが、結局は栃木・群馬の6か所に分骨された（正造研究家の布川了氏によれば場所は未確定だが、もう1か所あるらしい）。

　正造・カツ夫妻には子どもがなかったので、阿蘇郡小中村（現・佐野市小中町）の生家や家財道具などは生前、地元に寄付していた。その後「小中農教倶楽部」となって「田中正造大学」などに活用されていたが、道路拡幅工事のため母屋を移動、茅葺き屋根は瓦葺に変えられ現在はすっかり観光施設化した感がある。道路を隔てたところに分骨地の一つ、「小中霊場」がある。

　足尾鉱毒問題は過去の問題ではない
　群馬県で最も鉱毒被害をこうむったのは山田郡毛里田村（現・太田市）

だが、鉱毒根絶期成同盟会長の板橋明治さん（2014年12月に93歳で死去）たち被害農民が1971（昭和46）年、当時の大石武一環境庁長官に陳情に行ったところ、「あの田中正造翁の頃の鉱毒が今もあったのか」と驚き、大石長官は国の無策をなげいたという。

銅山は1973年に閉山し、その後も製錬所では輸入鉱石を使った製錬が続けられたが、それも1989（平成1）年、足尾線（現・わたらせ渓谷鉄道）の貨物輸送廃止とともに終わった。行くたびに〝廃墟〟の度合いを深めていた製錬所の建物も今はほとんど失われた。

逆に、かつては「日本のグランドキャニオン」といわれた荒涼たる風景も少しずつ緑が濃くなっている。しかし、それとて自然に草木が生えたわけではない。

写真のようにインクラインというリフトを設置し、急な斜面に植生盤を貼りつける作業が営々と行なわれた。膨大な国費とボランティアの労力も注ぎ込んでの結果なのだが、それでも育つ樹種はヤシャブシ・ニセアカシアなど数種に限られるようだ。

現在も厄介な問題がある。足尾の山中にある大小14か所の鉱滓堆積場である。特に町の中心部から見上げる位置にある簀子橋堆積場と源五郎沢堆積場の決壊を人びとは恐れている。

東日本大震災の地震動で源五郎沢堆積場が表層崩壊を起こし、崩れた土砂はわたらせ渓谷鉄道の線路を埋

緑をよみがえらせるために（2006年撮影）

133

め、渡良瀬川に流れ込んだ。川の水からは環境基準の約2倍の鉛が検出されたという（流下の途中で希釈されるので、桐生など下流の水道水は心配ないというが）。

古河機械金属㈱足尾事業所は年4～5億円をかけて水質浄化と堆積場の保全につとめていると『下野新聞』は報じている。

現代における「真の文明」

2014年5月21日、福井地裁で関西電力大飯原発の運転差し止めをめぐる訴訟に画期的な判決が出た。

樋口英明裁判長の判決は、人の生命を基礎とする人格権は最高のもので、原発の稼働という経済活動の自由はそれより劣位におかれると指摘した。被告（関西電力）は電力供給の安定性やコストの低減につながると主張するが、多くの人の生存にかかわる権利と電気代の高い安いを並べて論じること自体が許されないとした上で、次のように判示したのである。

「国富の流出や喪失の議論があるが、たとえ本件原発の運転停止によって多額の貿易赤字が出るとしても、これを国富の流出や喪失というべきではなく、豊かな国土とそこに国民が根を下ろして生活していることが国富であり、これを取り戻すことができなくなることが国富の喪失であると当裁判所は考えている」。

これはまさに「真の文明は　山を荒さず　川を荒さず　村を破らず　人を殺さざるべし」であろう。

原告側弁護団は樋口裁判長のそれまでの訴訟指揮から勝訴を確信していたと思われるが、判決言渡し直後に法廷から走り出た弁護団の一人が掲げた「司法は生きていた」の内実は、判決の勝敗を超えて弁護団の予想、期待をも上回るものではなかっただろうか。

樋口裁判長は2016年4月、関電高浜原発の再稼働差し止めの仮処分を決定し、福井地裁前にはふたたび「やっぱり司法は生きていた」の掲示があったが、この時すでに樋口裁判長は名古屋家庭裁判所に転勤しており、決定は他の裁判官による代読だった。

2015 年 5 月 3 日、群馬音楽センターで開かれた実行委主催「第 31 回
憲法記念日集会」の記念講演で、元日弁連会長の宇都宮健児氏は日本の司
法の現状に触れた。

　裁判官の人事はすべて最高裁の事務総局がにぎっており、定年間近か、
保身や栄達を一切考えない奇特な裁判官にしか公正な判決は期待できない
という。福井から名古屋への樋口氏の転勤はいわゆる都落ちではないが、
実質〝左遷〟、少なくとも〝敬遠〟の結果だろう。

　そして下級審における画期的な判決も、多くは上級審で覆されることが
多い。宇都宮さんは「国民がもっと司法に関心を！」と訴えていたが、こ
こでまた田中正造の言葉を思い出す。

　天の監督を仰がざれば　凡人堕落
　国民監督を忘れば　治者為盗

　国民が監督を忘れば、権力者は不正を働くとの指摘は、まさに民主主義
の本質をつくものであろう。

135

18 兵どもが弾丸の痕

　その昔、芭蕉は奥州平泉の高館で義経・弁慶主従の最期を偲びながら「夏草や　兵どもが　夢の跡」の一句をものした。見出しはそのオマージュだが、〝盗作〟と問題にされることはあるまい。

日本人の変わり身の早さ

　写真は品川駅の北700メートルほどのところにある臨済宗・東禅寺（東京都港区高輪3-16-16）山門である。

最初のイギリス公使宿館が置かれた東禅寺の山門

　幕末、ペリーの砲艦外交でいやいや開国させられた幕府は、アメリカをはじめ、各国と通商条約を結んだ。その結果、外国に脅されて開国したのはけしからんと各地で攘夷（外国人排斥）運動が起こった。
　ここ東禅寺にはイギリスの公使宿館がおかれていたが、1861（文久1）年5月、水戸浪士（攘夷派）による襲撃を受け、激しい戦闘があった。
　公使オールコックは避難して無事だったが、館員2名が負傷、襲撃側と警備の武士の双方に多数の死傷者が出た。世に「東禅寺事件」と言い、玄関の柱に弾痕、奥書院などに刀傷も残っている。
　前年3月に桜田門外で、通商条約調印に踏み切った大老・井伊直弼を

暗殺したのも水戸浪士である。中に1人だけ薩摩藩士がおり、彼の撃った銃弾が大老に致命傷を与えたらしい。

翌1862年には武蔵国生麦村（現・横浜市鶴見区）で、たまたま馬で通りかかったイギリスの商人4人が、鹿児島へ帰る島津久光一行の行列を横切ったのが無礼だとして薩摩藩士に斬りつけられ、1人は即死、2人が負傷するという事件が起こっている（生麦事件）。

幕府は賠償金を支払ったが、薩摩藩は犯人引き渡しと賠償請求を拒否したため、1863年7月、英国艦隊が鹿児島を砲撃した（薩英戦争）。激しい戦闘で双方に大きな損害が出た。11月、和議が成立し、薩摩藩は賠償金の支払いに応じた（犯人の処罰も約束したが、実行せず）。

玄関の柱に残る弾痕

この事件を境に薩摩藩の対外方針は180度転換する。外国の実力を知って攘夷の不可能を悟るや、対英接近によって自らの力を強化する策を選んだのである。

藩命により19人の若者が、長崎にいたグラバーの持ち船で密出国し、ロンドンに渡った。メンバーの中には、後に初代文部大臣になった森有礼、外務卿寺島宗則、実業界に転じた五代友厚らがいた。

長州藩からはまだ攘夷論が盛んだった1863年に、5人が密出国してイギリスに渡った。伊藤俊輔（のちの博文、初代首相）や井上聞多（のちの馨、外務卿として鹿鳴館政策を展開）などが含まれている。

彼らの滞英中に長州が攘夷を決行し、下関海峡を通過する外国艦船を砲

撃するという事件が起こった（1863年5月）。各国は当然ながら4か国（米英仏蘭）連合艦隊による報復攻撃を計画する。ロンドンでこの情報に接した伊藤と井上は急いで帰国した。藩主に攘夷の無謀を説くとともにイギリス側に攻撃延期を頼んだが時間切れという結果だった。

　1864年8月5日、下関海峡で交戦の結果、たちまち長州藩砲台は破壊され、翌日には陸戦隊に占領された。和平交渉にあたったのは伊藤・井上両名と高杉晋作である。

　ここからが見事な藩論の転換だった。薩摩藩同様、攘夷論で凝り固まっていた外交方針が開国論へと、今流の表現で言えば真逆の変わりようである。

　思うに、攘夷論とは、一部に思想的（〝神国日本〟の排他主義的）な背景があったにしても、多くは外圧に屈した幕府への反発が中心であろう。薩摩（島津）、長州（毛利）はもともと関ヶ原での「負け組」、攘夷の看板を投げ捨ててイギリスと組む方が260年以上も昔のリベンジ＝権力の奪取には有効と踏んだのだ。

　70年前の変わり身、〝鬼畜米英〟転じて

　「昨日の敵は今日の友」みたいな鮮やかな転換を日本人は敗戦後にもやっている。戦争中の日本人は「♪出てこい　ニミッツ、マッカーサー　出てくりゃ地獄へさか落とし」なんて歌っていた。

　ニミッツは米海軍提督の名である。「ボクラ少国民」がさかんに歌ったのは「♪ルーズベルトのベルトが切れて　チャーチル　チルチル　国が散る国が散る」だった。

　それが終戦（本来なら敗戦と言うべきものを、まるで自然現象であるかのように「終わった」とごまかした）を境に、どんな劇的な変化が起こったか。

　袖井林二郎『マッカーサーの二千日』（1974　中央公論社）によれば、ワシントン郊外の「連邦記録保管センター」の地下には占領開始から翌年5月15日まで、マッカーサー宛てに届いた日本人の投書が5箱のカートンボックスに保存されており、その数は9か月足らずで1万通近いという

（宛て名は、東京都内　マッカーサー閣下　だけで確実に届いたらしい）。

　ほんの数例、それも冒頭部分のみ引用する。

　「マッカーサー元帥閣下　日本に御進駐なされて政治を改善日本国民全て喜ぶ事大なる事にて候　マッカーサー政治を天地神明に誓ひ信頼感謝仕候（以下略）」

　「元帥閣下及閣下の軍隊に最大の敬意を表します　日本は完全に敗れたのです　敗れた日本は今も世界中で一番やばんな国でした　我等は只道義高い米国民によって浄化せられます　（以下略）　一日本人」

　「世界中で一番の主様が御成り遊した元帥様を尊敬致します私共　気候の悪い日本の地何卒何卒何卒御身御大切に遊して何日何日何日までも日本に御出遊されます様御祈り申上げます。

（以下略）　東京都世田谷区　　　K・H（女性）」

　小学校のある女教師はクラスの子どもに♪Happy　Birthday　to　youを教え、マッカーサーの誕生日当日、ＧＨＱの玄関で待ち構え、元帥の姿がみえるや子どもたちを指揮して一斉に「ハッピ　バースデイ　トゥーユー……」と歌わせたという。

　大江健三郎の戦後史は「あの日」を境に、尊敬していた先生がまったく反対のことを言いだしたことへの不信感からはじまったのだという（当時５年生）。２学年下だった私も、以前の「スナオナヨイコ」ではなくなったような気がする。

　思うに、「簡単に変わる」ということは、「簡単に元に戻る」ということでもあるのだ。

勝てば官軍、負ければ賊軍

　次の弾痕は、東京に唯一残る都電荒川線の終点「三ノ輪橋」近くにある曹洞宗・円通寺の黒門である（荒川区南千住 1-59-11）。

　ものの見事に銃弾が貫通しているこの門は、もともとは上野寛永寺の門だった。

　明治維新のとき、幕府側は江戸無血開城によって全面戦争を回避したが、

上野寛永寺から移築された黒門

　抗戦派の旗本らは彰義隊を結成し、上野の山に籠って西郷隆盛の率いる新政府軍と戦った。広小路口にあった黒門に残る激戦の痕である。
　敗れた彰義隊士は哀れだった。戦死者の遺体がそのまま打ち捨てられていたのを、みかねた円通寺の僧侶らが収容し供養した縁で、後に黒門が遠く離れた南千住の円通寺に払い下げられたというわけである。
　戊辰戦争の過程を通じ、奥羽越列藩同盟の抵抗から箱（函）館五稜郭の戦いまで同様だった。敗者に対するかような仕打ちはこれ以前の日本にはなかったように思う。戦いがすめば勝者も敗者も同様に葬られたし（「敵味方供養塔」など）、農民の共同体における制裁処分＝村八分だって、「火事とともらい」は別だったから《八分》だった。火事に「つき合わねえ」では実利に反するが、生前どんなに対立していようが「仏になってしまえば供養するのが人の道」と考えられていたからだろう。
　「勝てば官軍、負ければ賊軍」の徹底したイジメのような構造が招魂社から靖国神社へとつながった。天皇に逆らったものは徹底して逆賊あつかいされたのが明治以後の皇国史観だといってよい。

　それにしても、である。彰義隊の若者たちが主家に殉じて前途有為な生

命を散らしたというのに、主君・徳川慶喜はひたすら謹慎、のちに許されて公爵に列せられ、静岡で狩猟や写真など多彩な趣味を楽しみつつ、明治時代はもちろん、大正も2年、77歳まで生きた。

　昭和の戦争でも、無謀な作戦命令によって多くの死者を出した参謀や司令官が、自らはなんら責任追及もされずに戦後をのうのうと生きた例は少なくない。

70余年前の弾痕

　幕末維新期から70余年。アジア太平洋戦争末期の日本人をおびやかした銃弾は米軍機の機銃掃射だった。

　我が家の玄関には各家庭に配られた「機影による敵機の見分け方」という大判の印刷物が貼ってあり、そこにはグラマン、カーチス、ボーイング、ロッキード、コンソリーデーテッドなど米航空機メーカーの名前とともに真っ黒い機影が描かれていたのを覚えている。

　B29という大型爆撃機による爆弾・焼夷弾攻撃も恐ろしかったが、より恐怖だったのは空母から飛び立って低空で襲ってくる艦載機だった。特に敵戦闘機の代名詞のような「グラマン」が恐れられていたが、同級生は

東大和市に残る機銃掃射の弾痕

「操縦席にいる飛行士の顔までみえた」そうだ。

　東京都東大和市の東大和南公園内には、日立航空機立川工場跡の建物が残されている。同工場は陸軍立川飛行場に納入する飛行機の発動機（エンジン）を製造していたが、米軍機の攻撃を受けて変電所の壁には多数の銃撃痕が残った。戦後に使われなくなった建物を取り壊す計画があったが、「戦災建造物の保存を求める市民の会」の活動によって残り、今は市の指定史跡になっている。

「戦争（平和）資料館」の建設を！

　戦後70年以上経って、当然のことながら直接体験としての戦争を語れる人は年々少なくなる。間接体験からも学べることが人間だけの持っている能力だが、その際、目の前に具体的なものが存在すれば、ただ文字を読んで想像するよりはるかにイメージは豊かになるというものだ。

　モノをして語らしめる、そこに戦争遺跡を保存し活用する意義がある。再開発の名の下に進められる遺跡の破壊を阻止するとともに、遺物の散逸を防ぐためには各地に「戦争（平和）資料館」ができて資料の保存と公開が進むことが求められている。

爆弾は偏西風にのって

　太平洋を背にして立つ大きな石碑。右にみえる岬は岡倉天心ゆかりの五浦で、天心記念五浦美術館もある。3・11の津波で流失した六角堂も創建当時の姿に復元された。

　ここは福島との県境に近い茨城県北茨城市大津町。碑の文字は「わすれじ　平和の碑」、右側には「風船爆弾放流地跡」とある。建碑者は地元出身の作家鈴木俊平（故人）で『風船爆弾』（1980　新潮社）という著書がある。

北茨城市大津町の「わすれじ　平和の碑」

最終兵器、風船爆弾

　太平洋戦争末期、丈夫な和紙をこんにゃく糊で貼り合わせた直径10メートルの巨大な紙風船に水素ガスを詰め、爆弾や焼夷弾をつるして冬季に8千メートル以上の高空を吹く偏西風に乗せてやれば、太平洋を越え、アメリカ本土を攻撃できると考え実行した「気球連隊」の本部があった。通称、風船爆弾といい、正式には「ふ号兵器」、作戦名は「ふ号作戦」である。

　1944（昭和19）年11月3日の「明治節」（明治天皇の誕生日、戦後は「文化の日」と名を変えた）に作戦開始、翌年の4月初旬まで約1万発を発射した。『風船爆弾』の著者・鈴木俊平は、19歳で広島の専門学校在学中に結核を患い、郷里（茨城県北茨城市大津町）に帰って療養中の1944（昭

和19）年11月初旬、夕凪ぎの浜辺で突如岩蔭から巨大なクラゲ状の気球が奇妙な懸吊物を下げて舞い上がったのをみたと同書のあとがきに書いている。

風船爆弾は茨城県北茨城市大津町以外に福島県勿来、千葉県一宮の計3か所から放たれたのだった。

誰が考え出したのか？

荒川秀俊著『お天気日本史』（1970　文藝春秋）という本がある。著者は気象学者、1931（昭和6）年に東京帝国大学理学部物理学科を卒業するとすぐ中央気象台にはいった。

「私は昭和十七年の秋、南太平洋のラバウルに出張した。この出張先で私は健康を害した。病人の私は、毎夜のように襲ってくる連合軍の空襲になやまされ、かなりひどい目にあった。このとき、ベッドに身を横たえながら、日本にアメリカに対して報復爆撃をする力がないならば、何かそれに代る有効な空襲手段はないかと考えた。そして思いついたのが風船爆弾である。（中略）十一月に日本に帰ると、当時中央気象台長だった藤原咲平博士を通じて、軍部に風船爆弾の案を提出した。藤原博士は、このような不確実な方法はおそらく採用されないだろうと語った。ところが昭和十八年の夏になると、風船爆弾採用の話が持ちあがった。私は至急その調査をするよう命ぜられた」（同書より）。

「気球」を兵器として使う考えは早くからあった。航空機のなかった時代には上空から敵情を偵察するのに有効だったし、敵陣に向けてビラを散布するのに用いたこともある。しかし、はるばる太平洋を越えてアメリカ本土を空から攻撃するのに、無人の風船を使うという奇想天外な戦術となれば話は別である。

具体化は第九陸軍技術研究所（略称・九研）で進められた。神奈川県川崎市登戸にあったので秘匿名は登戸研究所。ここでは秘密戦遂行のための謀略兵器の研究、開発が行なわれていた。

1950年に跡地を明治大学が購入し、生田校舎として理工学部と農学部をおいたが、今でも九研時代の建物が幾棟か残っている。

2010年に「明治大学平和教育登戸研究所資料館」を開館、九研の資料を公開している。(小田急線「生田」下車　徒歩10分)

明治大学構内（生田校舎）に今も残る九研の建物

毒薬やニセ札を製造する組織、登戸研究所

　第一科草場少将指揮下の第一班（武田照彦少佐）が風船爆弾の研究担当であった。藤原咲平中央気象台長や荒川博士らは嘱託として参加している。

　なお、第二科が毒物合成、毒物謀略兵器の開発にあたった。ここでの成果が中国戦線で使用された化学兵器につながった（製造は瀬戸内海の大久野島）だろうし、戦後に起こった帝銀事件（1948年）で多くの銀行員を毒殺した特殊な青酸性化合物（アセトン・シアンヒドリン、通称ニトリール、青酸カリに比べ遅効性が特徴）もここの産物だろう。

　帝銀事件の犯人とされ、死刑判決が確定し、再審請求を繰り返しながら92歳で獄死した日本画家・平沢貞通がなぜこんな特殊な毒物を所持していたのか、裁判ではまったく解明されないまま判決では「被告人がかねて所持しいたる青酸カリを用い……」とされてしまった。

　第三科では大量の中華民国紙幣（法幣）を偽造していた。中国経済を混乱させるために、これらの〝作品〟を持ち込んだのは陸軍中野学校の卒業生たちである。陸軍中野学校は、諜報や防諜、宣伝など秘密戦に関する教

育や訓練を目的とした大日本帝国陸軍の軍学校で情報機関であった。

偽札を印刷した建物は今も明大キャンパスに残っている。なお、陸軍中野学校は、1945年（昭和20）年春に群馬県富岡町に疎開してきた。

当時の県立富岡中学校の校舎などが使われたが、現在の富岡高校の校内には「陸軍中野学校終焉之地」の碑がある。同校卒業生の強い要請で建てられたが、建碑者の名も年月もいっさい書かれていない、いかにもスパイ養成学校らしい碑である。

風船爆弾を作ったのはうら若き女性たち

以前に勤務した女子高校で学校史を書く際に、戦時中の女学生と風船爆弾の関わりについて、かなり熱をいれて調べたことがあった。

風船爆弾の製造は、東京では国技館（当時）や日劇など大きな建物に花街の女性まで動員されたらしいが、主力は圧倒的に女学生だった。北九州などは小倉造兵廠でかなり機械化された作業で進められたようだが、関東地方では完全な手作業だった。

県立前橋高等女学校の場合、1944（昭和19）年11月中旬、生徒代表20人が群馬県高崎市の岩鼻（東京第二陸軍造兵廠岩鼻製造所）に1週間泊まり込んで講習を受けてきた。その後に教員も講習を受ける。作業開始は12月。次はT教諭の日記から。

「新しい⑤作業は冷たくて手足がちぎれそうだし、疲れてしまう。全身の力をこめるのでヘトヘトになる」

「私達の貼る紙はやがて巨大な風船になり下部に爆弾をつけて、太平洋を越えて敵地へゆくというわけだった。しかし、外部に話してはいけないと固く口止めされていた。和紙を三枚貼り合わせるのであるが、糊は秘密にされていたがこんにゃく粉だと聞いた。とにかく火の気のない体育館の床に座り、畳一枚位の板の上に糊をのばす。万遍なく掌でのばし、そこへ大きな和紙を表裏まちがえぬように、皺を作らぬように貼る。表をツル、裏をザラと呼びあって気をつけ合った。干してまた冷たい糊をのばして和紙を重ねるのであるが、間に気泡ができぬように膝を立て指先に力をこめて何遍もこすった。生徒も教師も手が赤くなり感覚がなくなってくるので

あった」

　こうして貼り合わせた長方形の原紙を岩鼻に運んで球形に仕上げるため台形に裁断、番号をつけた紙が再び学校に戻って半球状にするための貼り合わせが行なわれた。第一球が完成したのが12月30日の夜7時過ぎ、岩鼻に納めたのは大晦日（日曜日）である。

　前橋高等女学校以外では県立高崎高等女学校、前橋市女、高崎市女など多くの女学校で2年生以上（現在では中2〜高1の年齢）が風船作りに取り組んだ。

　利根・沼田地方ではこんにゃく糊の代わりにワラビの根から作った糊を用いたので、国民学校の児童にワラビ掘りをやらせている。

どうやって飛ばしたのか

　風船爆弾を落とすためには、1万メートルの高度を保ち、アメリカ本土まで8千キロメートルも飛ばそうという計画である。時速200kmのジェット気流にのせても約50時間はかかる計算だ。日中と夜間ではまったく条件が異なるので、一定の高度を保持するのはきわめて難しい。

　登戸研究所所員だった伴繁雄の遺稿を夫人や研究者がまとめた『陸軍登戸研究所の真実』（2001　芙蓉書房出版）に詳細があるが、残念ながら日本国内には実物が残っていない。

　模型なら東京・両国の江戸東京博物館や埼玉県平和資料館、さらに2010年に開館した前出の登戸研究所資料館にもある（ちなみに、関東で作られた風船の和紙はほとんどが埼玉県比企郡小川町産だった）。

　しかし、実物となると、アメリカ側が捕獲した風船爆弾がワシントンのスミソニアン博物館（航空宇宙博物館）に展示してあるだけだ。

　以前、退職した婦人教職員の会（退婦教）の歴史学習サークルで風船爆弾にふれ、模型は国内にもあるが実物はワシントンの博物館へ行ったことがないのでまだ見ていないと話したら、その後に会員の一人が「ワシントンへ行ってきました」と、お土産の写真をくださった。本書中の写真は私のカメラで写したものを使う方針だったが、1枚だけ例外でお許しを乞う。

　上部の箱が高度保持装置、その下の白い砂袋（バラスト）は夜間に低温

アメリカが捕獲した風船爆弾（砂袋は復元）

で高度が下がると自動的に落下するようになっている。したがって、アメリカ本土に到達したときはこのような状態ではない。展示した際、当初の姿に復元したものと思われる。下部の黒いものは15キロ爆弾、ほかに4キロ焼夷弾を2個下げていた。

　川崎市の昭和電工から運ばれた水素ガスが充填されると、風船は徐々に膨らみ上昇してしまう。不意な上昇を防ぐため、19本の麻綱を19人の兵士が必死に握りしめ、「射て！」の命令でいっせいに手を放すのだが、中にはあまりにしっかり綱を握っていたためにとっさに放せず、空中高く引き上げられてから手を放し、墜落して大けがをする兵隊もいた。地上で爆発する事故もあり、大津基地跡には戦死者の慰霊碑がある。

　秘密作戦なので、放球は早朝や薄暮に行なわれたが、地元の人たちはもちろん目撃している。常磐線では、列車が発射基地に近付くと車掌が車内を回って海側の鎧戸を閉めさせた。

風船爆弾の戦果

　ある前橋高女生の「作業日誌」（昭和20年2月18日）に、「今朝新聞に出た『日本文字の書いてある気球爆弾米本土に落下』、その言葉こそ私達が長い間待ちに待った言葉なのだ。あゝ私達の仕事は遂に報いられたのだと思うと有難くて仕方がなかった」とある。

　彼女が目にしたのは上海十七日発同盟の『朝日新聞』の記事だった。

「ワシントンより当地に達した情報によれば……日本文字の記された巨大な気球が、去る十二月十一日、モンタナ州カリスペル附近の山嶽地帯に落下しているのが発見された。気球は良質の紙製で迷彩が施され、その直径三十三フィート、容積一万八千立方メートル以上で、八百ポンドの搭載能力があると推定される。気球の側面には自動的に気球を爆破するためか、爆薬が装置されてあった。(以下略)」とある。

風船爆弾を飛ばす計画では1万5千個を予定したが、実際に放たれたのは9千余個だった。そのうち太平洋を越えたのはいかほどか。

発案者・荒川秀俊の前掲書では、アメリカまで届いた爆弾の数を「287個」としているが、アメリカ側の確認では75個が地上爆発、約200個が地上発見、空中に1000個到達だという(『ブリタニカ国際大百科辞典』)。

数十個をまとめて放球する際、1つの風船には爆弾の代わりに無線発信器を下げて飛行コースを追尾した。なにせ風まかせ、軍部がもっとも恐れたのはソ連領内に落下することだった。戦局が明らかに不利となる中で、最終的にはソ連に米英との仲介を頼もうという考えがあったからである。1945(昭和20)年にはいると、アメリカ軍は風船の発する無線を捕捉し、西海岸に近づく前にほとんどを太平洋上に撃ち落としたのだった。

アメリカが恐れたものは

風船爆弾の製造にかかわった女学生を喜ばせた第一報は、アメリカ連邦検察局の発表をニュースソースとする外電だった。ところが、以後「気球爆弾」に関する情報は皆無となる。アメリカ国民の不安・動揺を防ぐのと「戦果」の情報が日本人の戦意高揚につながるのを恐れて、厳重な箝口令を敷いたからである。

アメリカ当局が本当に恐れたのは、風船に吊るしてあるものが単なる爆弾や焼夷弾でなく、化学兵器ではないかという懸念であった。砂袋の中身が詳しく調べられたらしい。細菌の心配はないことがわかり、その砂が関東以北の太平洋岸のものとまで突き止めて、以後は千葉、茨城、福島の海岸部への艦砲射撃がふえていく。

生物・化学兵器によるアメリカ本土攻撃という構想ももちろんあった。

化学兵器は登戸の九研のほか、第六研究所で担当したが、植物謀略兵器は九研の二科六班、植物・農作物・果樹に対し細菌・ウイルス・破壊菌などの微生物で攻撃する。とりわけアメリカに対しては小麦・コーン・馬鈴薯の病害菌が研究対象だった。１万メートルの高空を病原菌を詰めてアメリカ大陸まで運ぶための陶器製爆弾まで作られた。

しかし、結局はこれら国際法違反の生物・化学兵器が使用されることはなかった。決定的な理由は、風船爆弾が風まかせでどこへ飛んで行くかわからないことである。事実、いくつかは北海道内に落下しているし、アメリカ大陸でもカナダ、アラスカ、メキシコにも届いている。なにはともあれ、ソ連領内に行くことだけは絶対に避けねばならないことだった。

放球は1945（昭和20）年4月上旬で終わったが、アメリカでは1か月もあとに死者が出た。

1945年5月5日、オレゴン州（アメリカ北西部・カリフォルニアの北）のブライという町に住むミッチェル神父夫妻が、近所の子どもたち5人を車に乗せ森林公園にピクニックに出かけた。

神父が車から荷物を降ろしているとき、先に森の中にはいった子どもたちから「風船のようなものが木にぶら下がっているよ」という声が聞こえた。

神父は「触るな！」と叫んだが、その途端、すさまじい轟音とともに爆発が起こった。森に駆け込んだ神父がみたものは、爆発であいた大きな穴と夫人、子どもたち計6人の惨死体だった。

現在、クラマス湖に近い森林公園には一つの記念碑があり、ブロンズ板には「この地は第二次大戦のさ中、アメリカ大陸で敵の攻撃のため死者を生じた唯一の場所である」という碑文と6人の名前が刻まれているという。

戦後70年を経て

もともと、対米英戦争は、彼我の生産力の圧倒的な差を無視してはじめた無謀な戦いである。それも緒戦の勝利はつかの間のこと、開戦6か月目のミッドウェー海戦大敗北以来、戦局は逆転して日に日に劣勢になっていくのに、立ち止まり、ときには引き返すことも必要なはずの戦争指導者た

ちが「行け行けドンドン」で突っ走ったとしかいいようがない。それでも1944（昭和19）年になると、さすがに深刻な情勢分析が行われている。

「午后ヨリ市ヶ谷分室ニ於テ班長以下昭和二十年春頃ヲ目途トスル戦争指導ニ関スル第一案ヲ研究ス、

判決トシテハ今後帝国ハ作戦的ニ大勢輓回ノ目途ナク而カモ独（ドイツ）ノ様相モ概ネ帝国ト同シク、今後逐次『ジリ』貧ニ陥ルヘキヲ以テ速ニ戦争終末ヲ企図ストノ結論ニ意見一致セリ」

長々と引用したのは、大本営陸軍部戦争指導班の『機密戦争日誌』（軍事史学会編　錦正社刊　1998）。日付は「昭和十九年七月一日　土曜」である。「速ニ戦争終末ヲ企図ス」といいながら、現実の戦争終結までに13か月半を要したのであった。

なぜ、かくも長びいたのだろうか。表向きは最大の関心事である「国体（天皇制）護持」についての保証が得られるか否かにかかっていたが、根底にあるのは、好ましくない現実を直視できずに先送りしてしまう精神のひ弱さがあったからではないかという気がする。そしてこの「歴史の教訓」は戦後に、今に活かされているであろうか。

過去を振り返ることは今を知り、明日を考えるためである。歴史の勉強は「年号や人の名前をおぼえる暗記もの」であってよいはずがない。

国内最大の引っ越し計画（松代大本営）

　1944（昭和19）年11月11日午前11時、長野県埴科郡松代町（現・長野市松代町）にある象山の麓で、岩盤を破砕するダイナマイトの発破音が鳴り響いた。

　陸軍は工事の目的を秘匿して「松代倉庫工事（通称・マ一〇・四工事）」と呼び、絶望的な戦況のもとで天皇以下政府の中枢機能をすべて信州の山奥に移し、本土決戦に備えようとした。

　計画は1944年春から進められ、陸軍省から正式な工事命令が出されたのは10月4日だった。通称の松代のマに続く「一〇・四工事」はこれに由来する。

なぜ松代が選ばれたのか

　1944年6月、米軍がマリアナ諸島・サイパン島に上陸した。7月、日本軍守備隊3万人が玉砕（住民死者1万）する。海軍はすでにマリアナ沖海戦で空母・航空機の大半を失っていた。サイパン島失陥は、日本全土が米軍機の空襲圏内にはいったことを意味したから、ようやく東条内閣が総辞職した（戦時中でも衆議院の選挙が行なわれた。しかし、首相は天皇による「大命降下」で決まるため、現在のシステムとは異なる）。

　これより先、最高戦争指導機関である大本営を比較的安全な山中に移動させる案が浮上し、5月ころから適地探しがはじまった。長野県が選ばれた理由として上げられたのは次の諸点である。

①本州で最も幅が広い地域のほぼ中央にあり、太平洋側からも日本海側からも艦砲射撃が届かない。
②武田・上杉両軍が闘った川中島の古戦場も近い要害の地である。
③岩盤が堅く、地下の施設は上空からの爆撃にも耐えられる。
④比較的労働力が得やすい。
⑤長野県は信濃国、「信州」は「神州」に通ずる。

　最後の理由などは神頼みというかゲンかつぎ、工事開始の日時といい、ある意味極めて日本的である。

総延長 10 キロメートルの地下壕掘削

　象山の地下壕には外務省・内務省・大蔵省以下政府各省と日本放送協会、中央電話局がはいる予定だった。

　工事は運輸省とその請負業者西松組によって進められたが、労働力の中心は主として東北地方から集められたり、朝鮮半島から強制連行された朝鮮人で、その数は 7000 人にのぼるといわれている。そのほか、周辺市町村の勤労報国隊や労務報国隊（大工・左官など）、さらに中等学校の生徒なども動員され、総数は 1 万人に達した。堅い岩盤の下に碁盤目状に掘られた地下壕の長さは 5853 メートル、床面積は 23400 平方メートルに及び、翌年 8 月の敗戦時の施工出来高は約 80% だった。

象山地下壕の内部（500 メートルが公開されている）

　象山から南へ 2 キロメートルほど離れた舞鶴山には、大本営がはいる大坑道が掘られ、さらに半地下式の天皇・皇后御座所が作られた。敵機が来襲すると、ただちに小坑道の深部に避難する手筈である。舞鶴山の坑道は 2600 メートルに及んだ。さらに周辺の町村には各皇族から学習院までが移転してくる予定だった。

　舞鶴山の東、皆神山には食糧の備蓄庫が作られたが（坑道の延長 1600 メートル）、ここは地盤が軟弱なため崩落が激しく、現在は立ち入ることができない。

舞鶴山の天皇・皇后御座所

　3か所の坑道の総延長は10キロメートル以上あり、敗戦までの約9か月の工事で全体計画の75%が終了していた。

　生なましい工事の痕が……
　現在、象山地下壕は5.8キロメートルのうち500メートルが公開されており、長野市観光課の管理下で安全に見学できる。
　岩盤に打ち込んだ削岩機のロッドがそのまま放置され、崩した岩石（ズリ）を外に運び出したトロッコの枕木跡が今もはっきりとみてとれる。

象山地下壕に残るトロッコの枕木跡

胸を突かれるのは岩盤に残る落書きの文字である。例えば「大邱府」、大邱はテグ、朝鮮慶尚北道にある都市の名で、古くから市場として栄えていた。あるいは強制連行された人が、望郷の念やみがたく書きつけた郷里の地名であったろうか。

苛酷な労働条件の下、多くの朝鮮人が命を落としたことはまちがいないが、犠牲者の数は今もってわかっていない。日本の敗戦によって解放された朝鮮半島出身者はほとんどが帰国したが、中にはそのまま松代にとどまり、この地で生涯を終えた人もいる。

豪華絢爛、幻の天皇御座所

舞鶴山（標高510メートル）の南麓に穿たれた大坑道には、大本営がはいる予定で、1945年8月までに90％まで工事が進むが敗戦で中止された。

しかし、ここが海から遠く岩盤が堅いうえ、人びとが大勢暮らす都市部から離れているため、地震計設置の適地とされ、1947（昭和22）年には中央気象台松代分室が置かれ、1965年夏以降に続発した松代群発地震の観測に威力を発揮した。

その後は気象庁精密地震観測室として日本最大級の地震観測施設となっているため、内部に立ち入ることはできない（2014年4月に「松代地震観測所」と改称した）。

大本営とそれに連なる天皇関連施設の建設がはじまったのは1945年3月23日（マ三・二三工事）、工事は鹿島組が請け負った。

付近の住民100余戸は強制的に立ち退かされた。天皇・皇后御座所の建設という目的は厳重に秘匿されていたが、勤労報国隊の大工は運び込まれた材木をみて驚いた。尾州檜の柾目の材ばかり、尾州檜は江戸時代に尾張徳川家が支配していた木曾の五木の一つで、島崎藤村の『夜明け前』には、山の民が一本伐れば首が飛ぶという表現が繰り返し出てくる。大工さんたちは「こんなぜいたくな家に誰が住むんだろう」と首をひねったという。まさか天皇がここに住む予定だとは想像もできなかったにちがいない。

現在は地震観測所職員の宿直室として使われ、見学者は窓の外から覗くことができる。間取りも少し手が加わっており、新しい柱は節のある安物、

透かし彫りの豪華な欄間は敗戦後のどさくさに乗じ、何者かに盗まれたという。

天皇御座所予定地

　戦後に天皇は地方巡幸を行なったが、1947（昭和22）年10月には長野を訪れ、案内役の知事に「この辺に戦時中無駄な穴を掘ったというがどの辺か」と尋ねたらしい。これをもって侍従長は、松代大本営への移転計画などを天皇は戦後になって知ったとしている。

　しかし、内大臣をつとめた木戸幸一の日記などからもこの話は信じ難い。皇位を示す三種の神器を自ら守って信州へ移る意向を示しているのだ。昭和天皇が国政全般から軍事まで、実にくわしく情勢を把握していたこと驚くほどである。

松本大本営発見は高校生のつぶやきから

　敗戦後の象山地下壕は長い間そのまま放置されてきた。近くの農家が一部をマッシュルームの栽培などに利用してきた程度である。

　転機は、近くにある私立篠ノ井旭高校（当時、2003年に俊英高校と校名変更）の修学旅行だった。

　同校は1982年以来沖縄への修学旅行を実施してきたが、平和学習を重視して毎年必ず自然壕（ガマ）を訪れる。凄惨な地上戦の中で、一般県民が身を隠

し、野戦病院としてひめゆり学徒たちが傷病兵を看護した現場の真っ暗闇の中に身を置くことで、戦後生まれの生徒たちに戦争の実態を追体験させようというねらいだった。

1985年、参加していた生徒の一人が「こんな洞くつならオレんちの近くにだってある」といい出したのがきっかけだった。

学校に帰った沖縄戦研究班（のちに郷土研究班）の生徒たちは、顧問の土屋光男教諭の指導の下、懐中電灯を頼りにはじめて象山地下壕にはいった。

「洞くつが僕らに語りかけている」と参加した生徒がつぶやいたという。篠ノ井旭高校はいわゆる進学校ではない。むしろ勉強が苦手で、そのためにつらい思いをしてきた生徒が多い。「それだけに戦争の悲惨さや差別され虐げられていた朝鮮の人たちの苦しみがわかったのではないか」とは顧問の土屋教諭の言葉である。

1988年9月、生徒たちは壕の永久保存を求める手紙を各方面に送り、その歴史的意義を訴えた。翌月、長野市長から「地下壕を『松代昭和遺跡』として後世に残したい」と回答があり、恵明寺口から約500メートルが公開されるようになったのである。

さらに生徒たちは歴代総理大臣に対し、平和祈念館建設を訴えるはがきや封書を出し続けているが、これには反応がないようだ。

郷土研究班の生徒たちは、戦後も帰国せずに松代に住み、語り部として強制労働の悲惨な実態を証言していた崔小岩（チェ・ソアム　通名・催本小岩）さんを「催本のおじさん」と呼んで慕っていたが、崔さんが亡くなった1991年、代表の生徒2名が土屋教諭に引率されて韓国を訪れた。

ソウルで開かれていた「松代展」に招かれ、韓国の高校生とも交流し、崔さんの墓の近くから拾って持参した数個の玉石を遺族に手渡している（ＮＨＫ長野放送局制作のローカル番組・信州スペシャル「我マツシロに生く　〜ある韓国人労働者の生涯〜」より）。

その後、崔小岩さんの実兄をはじめ、親戚の人たちが松代を訪れることまで実現したようだ。

現在、年間20万人もの人が象山地下壕を訪れている（2016年8月に松

代で開かれた第20回戦争遺跡保存全国シンポジウムでの報告による）が、巨大な戦争遺跡の公開に地元の高校生たちの活動があったことはそれほど知られていない。

　そのほかにも松代は真田氏の城下町であり、幕末には佐久間象山を輩出するなどみるべきものは多い。新しくは同町出身の詩人にしてフランス文学者・大島博光の記念館にもぜひ立ち寄りたい。

象山地下壕へ通じる道。右は160石取りの松代藩士・山寺常山邸の長屋門

地図から消された島

　1941（昭和16）年12月8日、日本軍はハワイ真珠湾に停泊する米海軍の艦船を攻撃して米英に宣戦布告をした。その日の夕刊から、新聞の天気予報欄が姿を消した。理由は、ひとたび戦争がはじまれば、日本周辺の天候もまた敵に知られては困る軍事情報だったからである。

　横須賀・佐世保・舞鶴など帝国海軍の主要な軍港は地図の上では真っ白、訓練基地が見下ろせるような山は登山が禁止された。また、近くを通る列車の窓から乗客がみるのも禁止し、現場に近づく前に車掌が車内を巡回して片側の窓の鎧戸を閉めさせた。すべては防諜の名の下に、国民を情報から遠ざけたのである。

　直接の軍事機密だけではなかった。1944（昭和19）年12月7日、午後1時に発生した東南海地震はマグニチュード7.9の強震で、死者1223人の被害を生じたが、翌日の新聞社会面はふだんと変わらぬ戦意高揚の記事が躍り、片隅に「昨日の地震」と2段見出しの地味な扱いであった。

　本文では「被害を生じたところもある」「空襲の体験を得て来た一般人の待避はまず順調であった」と、まるで死者は一人も出なかったような報道だった。

　東南海地震からわずか37日後の1945年1月13日、愛知県東部で内陸直下型の三河地震が発生し、死者は2306人に達した。しかし、翌日の朝日新聞は「被害、最小限度に防止」「生産陣は全く健在」としか報じていない。この点について2007（平成19）年、内閣府に属する中央防災会議の「災害教訓の継承に関する専門調査会」の報告書は次のように書いている。

　「第6章　戦時下での地震　東南海地震及び三河地震による被害は甚大で、軍需生産力にも大きく影響したため、地震に関する資料は極秘とされ、戦時報道管制の下、被害に関する報道は厳しく規制された。……」（内閣府「防災情報のページ」より）

　東南海地震の被害状況がくわしく報じられていたら、三河地震であれほどの被害の発生は防げたはずだといわれている。

マル秘、毒ガス製造開始

　長い前置きのあとにようやく「地図から消された島」がはじまる。広島県竹原市忠海町大久野島は、瀬戸内海国立公園、芸予諸島の1つである。
　JR呉線が通る忠海港からフェリーに乗れば沖合約3キロ、15分足らずで大久野島桟橋に着く。ここには日清・日露両戦役のころ、広島県（安芸）と愛媛県（伊予）にはさまれた内海防備のために芸予砲台が築かれた。今も島内には南部・中部・北部の砲台跡が残っている。

大久野島・南部砲台の跡

　大久野島を地図から消させたのは、1929（昭和4）年5月に「陸軍造兵廠火工廠忠海兵器製造所」が竣工し、毒ガス製造が開始されてからである。1899年に締結されたハーグ陸戦条約で毒ガス兵器の使用は禁止されていたが、各国とも極秘裡に開発・製造を行なっていた。
　日本は1919年、第1次大戦終結直後に新宿・戸山ヶ原に陸軍科学研究所を開設して毒ガス研究に着手、後に第九陸軍技術研究所（通称・登戸研究所）に引き継がれる。
　大久野島に着くと、すぐ近くに発電場の跡がある。ギョッとするような廃墟だが、ここで毒ガス製造に必要な電力を供給していた。重油を燃料とするディーゼル発電機8基が稼働していたという。
　化学兵器（毒ガス）の製造にここが選ばれたのは、秘密保持と発生する

桟橋から近い発電場の廃墟

排気・汚水面から近隣住民の生活に影響を及ぼさないこと、一方で通勤してくる従業員たちの利便を考えれば、忠海港から船で10分余りという距離が好都合だったからである。

もちろん〝危険な仕事〟の実態を知らない地元の人たちにとって、好景気を連れてやってくる造兵廠の移転は大歓迎だった。昭和初年の不景気と就職難で「大学は出たけれど」という映画が作られた時代、開所にあたって工員80名の募集に4000人の応募があったという。

1929年から45年までの16年間に毒ガス製造工場で働いた従業員は約6700人に達した。高等小学校を卒業したばかりの14、5歳の少年までもが毒ガスとは知らず、兵器を作ってお国のために尽くすと島にやってきた。

入所の際に「今後20年間自己都合では辞めない。軍機保護法を守り、作業内容などは一切口外しない」との誓約書を書かされたという。

ここで製造されたのはイペリットガス（びらん性）、ルイサイトガス（同）、くしゃみガス（呼吸困難）、催涙ガスの4種で、総量は約6600トンにのぼった。元従業員の中に、イペリットガスにふれた後遺症でガンを発症する割合が極めて高いという。

敗戦後、占領軍によって製造施設の大半は破壊され、現在まで残っている遺構はそう多くはない。それどころか島全体が環境省所管の「国民休暇

大久野島の中央部に充実した資料館がある

村」となって、年間10万人もの観光客が訪れている。

　毒ガスは「人道的」な兵器?
　1988年4月、竹原市立の「大久野島毒ガス資料館」が開館した。そこに展示してある『化学兵器の理論と実際』という教官用の教科書に驚くべき記述がある。
　「銃丸は骨を貫き、砲弾の破片は肉をはぎ、時に手や足を奪い、水雷の一撃は実に数百数千の生命を一瞬にして海底に没する」。
　それに比べて毒ガスは、
　「流血の惨事を伴わず、その回復は比較的すみやかで、肉体的苦痛は少なきもの」「化学兵器は人道的で近代的有効な兵器」と結論づけている。
　これが14、5歳の養成工を教育するテキストだった。
　「化学兵器」と言われてもピンとこないという方は、オウム真理教による松本・地下鉄のサリン事件を思い出してほしい。びらん性毒ガスはイラン・イラク戦争やシリア政府でも使われた。比較的簡単、安価でできるので、貧乏国の核兵器ともいわれているが、これを「人道的な兵器」とは——。

村上初一氏が伝えたかったこと

　毒ガス資料館の初代館長・村上初一氏は、高等小学校卒で養成工1期生となり、敗戦まで毒ガス製造工場で働いた人である。

　戦後、竹原市役所に定年まで勤めたあとに館長になった。彼はなぜこんな「非人道的な」兵器を作ったのか、作った毒ガスはどこで使用されたのかを考えるうちに「自分たちは被害者であると同時に、加害者でもあった」という事実に思い至る。それ以来語り部として、資料館を訪れる児童・生徒たちに戦争の残酷さとともに加害の事実を説き続けてきた。

　しかし、公立の施設で「加害」を語ることは容易ではなかった。資料館のパンフレットに「戦争の加害者、被害者の立場から恒久平和を願う」と書いたら、知らないうちに「加害」の文字が削除された。「どうしていけんのか」と聞いたら「市が作るパンフとしてはふさわしくない。国が中国での毒ガス使用の事実を認めていない以上、載せられない」といわれたという（その後、1995年に政府は中国での毒ガス使用を認めた）。

　館長が70歳になった時、竹原市は本人に一言の相談もなく「70歳定年制」を導入して事実上解任してしまった。退任が決まったあと、各紙がインタビューしているが、『毎日新聞』広島版の4段抜き見出しは「加害史語り圧力と闘った8年」である。「まだまだ伝え足りん」と、調査や語り部活動を継続ともある（1996年3月17日付）。

　その後、村上氏は自宅を事務局にして「毒ガス島歴史研究所」を開設し、語り部や出版活動を続けてきた。1997年には研究所の若手メンバーが、旧日本軍の遺棄毒ガス問題を検証するため、中国黒竜江省への旅を実施し、報告集を出版している。村上氏は2012年に亡くなったが、研究所の代表は他の会員が引き継ぎ、今も活動を続けている。

ウサギと戦跡が混在する島

　大久野島へ渡るフェリーに、家族連れや若いカップルが多いことを不思議に思っていたが、ここは環境省の外郭団体「財団法人・休暇村協会」が管理運営する保養施設がある観光地だった。しかも、いつのころからか野生のウサギが増えて現在約300羽になるとか。

163

島中、天敵がいないウサギ天国で、別名ウサギ島。小さな子どもたちが無邪気にウサギと戯れている図はほほえましいが、一方で敗戦時に海洋投棄されたり、地中に埋められた毒ガス弾も残っている。島内のあちこちに「危険！　立入禁止」の立て札があるという、まことに奇妙な休暇村だった。

それでも「南部砲台⇒」の案内板の前で「ねえ、砲台ってな〜に」と、叫ぶお嬢さんもいる平和な時代だから、入館料100円（19歳未満50円）の「市立毒ガス資料館」は貴重な平和教育の場かもしれない。

毒ガス部隊、赤城高原で訓練

大久野島の忠海兵器製造所でつくられた毒ガスは、島内のほか九州に送られ、曽根兵器製造所（現北九州市小倉区、現在ここは陸上自衛隊曽根訓練所として、日本で唯一市街戦を想定した訓練を行なっている）で砲弾や投下弾に充填され、化学戦の運用、訓練は陸軍習志野学校（千葉県、1933年設立）で行なわれた。

ジュネーブ議定書が禁じている毒ガス兵器の研究・開発と毒ガス戦の訓練を行なうことは秘匿する必要があったから、「習志野学校」と設立の趣旨をあいまいにした校名がつけられた（スパイの養成を目的とした中野学校も同じである）。

毒ガス戦の実戦部隊は「迫撃第一連隊」として1940（昭和15）年に島根県松江で編成された（通称・西部第八十四部隊、隊名はガス弾を迫撃砲で発射するところから）。

しかし、翌年以降、順次、東部第四十一部隊として群馬県沼田町に移動してくる。演習地は赤城山西北面の現昭和村一帯だった。現在、関越自動車道の赤城高原サービスエリアから昭和インターチェンジにかけて一面に広がる野菜畑は、戦後に外地から引き揚げた人たちが東部四十一部隊の演習地跡を開拓・開墾したものである。開墾や調査の過程で土中から多くの砲弾や破片が出土しており、それらは旧赤城村（現渋川市赤城町）の資料館に保存されている。

そして、1943（昭和18）年1月以降、東部第四十一部隊は次々に中国戦線へと出動していった。

中国の毒ガス戦研究史

国際法に違反する毒ガス戦の実態がどうだったのかについて、戦後長らく明らかにされなかった。その背景には、731部隊の場合と同様、日米双方による隠蔽工作があったと考えられている。そして、戦争がより長びいていれば、アメリカ軍が日本に対して大規模な毒ガス攻撃を計画していたことも明らかになった。

中国戦線における日本軍の毒ガス戦については、粟屋憲太郎（立教大）、吉見義明（中央大）両教授共著の『毒ガス戦関係資料』（1989 不二出版）以来、本格的研究がスタートしたといえる。

被害を受けた中国側でも、1990年代末から当時、黒竜江省社会科学院副院長だった歩平氏（現・中国社会科学院近代史研究所所長）によって研究が進められてきた。歩平氏の著書『化学戦』（1997年　黒竜江人民出版社）には「日本侵華新罪証」という副題がある。

同書には「忠海制造所制造的毒気」として芥子気（イペリットガス）、路易氏気（ルイサイトガス）、赤剤（くしゃみガス）、緑剤（催涙ガス）などの年次別生産量が載っている。

遺棄毒ガスによる被害は続く

日本軍は中国戦線で化学兵器を使ったが、敗戦時にまだ大量の毒ガスを残していた。それらを沼や川に水中投棄したり、ごく浅い土中に遺棄したのである。その量はびらん性のきい弾で、約70万発ともいわれるが、正確な数はわからない。中にはドラム缶にはいった状態の原料もあった。戦後、これらの遺棄毒ガスによって被害を受けた中国人は2000人に上るという。

1997（平成9）年に発効した「化学兵器禁止条約」により、内閣府大臣官房に「遺棄化学兵器処理担当室」が新設された。以後、中国国内で新たに発見された旧日本軍の遺棄した化学兵器の処理には自衛隊が派遣されている。

しかし、現実に被害を受け、後遺症に苦しむ中国人が訴訟によって補償を求めても、すべて敗訴に終わっている。遺棄毒ガス被害事件第1次・第

2次訴訟、敦化事件、チチハル事件等の判決では、すべて被害が終戦時に日本軍が遺棄した化学兵器によってもたらされたものと認定し（被告である国はソ連軍もしくは国民党軍が遺棄したと主張した）、被害者が現在まで日々進行する症状に苦しんでいる事実を認めながら、損害賠償請求はすべて棄却してしまった。

これは多くの強制連行・強制労働事件の判決と同じで、「事実は認める」が「補償はしない」のである。侵略戦争によって他国民に多大な苦痛と損害を与えながら、補償どころか謝罪すらしない。

しかも「日本はなにも悪いことはしていない」と事実すら否定する、歴史修正主義が年々強まる傾向にある。

特定秘密のおそれあり

大久野島に残された大量の毒ガスは戦後に英連邦軍によって処理された。海中投棄や火炎放射器による焼却、さらには防空壕に納めて入口をコンクリートで塞いだ。

しかし、環境省の調査で、海水や一部の土中から高濃度の砒素が検出され「立ち入り禁止」の処置がとられている場所がある。

大久野島だけではない。茨城県神栖市では井戸水から砒素が検出され、住民の健康被害が報じられた。神奈川県平塚市や寒川町でも化学兵器による土壌汚染の疑いで環境省による調査が続いている。

戦後70年以上を経て、かくの如き状況である。国民の健康、安全に関する情報を「特定秘密」として隠蔽することは許されない。

＜付 記＞

2016年8月15日付の新聞で、日本軍の中国における毒ガス戦に関する著書のある歩平さんが前立腺がんのため、14日に北京の病院で亡くなられたことを知った。68歳だった。

日中関係史が専門で、2006〜2010年にかけて日中両国政府が行なった日中共同歴史研究の中国側座長をつとめた。また、中国・韓国・日本の専門家が共同編集した『未来をひらく歴史』の編集にも参加している。

「『国民』としての意識より、『市民』の立場から相互理解を深めることが大切」が持論だった。

　実は私が2000年からはじめた市民学習会「近現代史ゼミ」の第8回（2000・8・4）に、戦跡考古学者の菊池実さん（当時・群馬県埋蔵文化財調査事業団）の紹介で特別講師として講演をお願いし、その夜は拙宅にお泊りいただいたことがある。もっともっと活躍してほしい人だった。

左から歩平さん、著者、通訳の女性、菊池実さん（現在はハルビン師範大学専任講師）

あとがき

　ぐんま教育文化フォーラムの事務所がある群馬県教育会館３階から道路を隔てて前橋公園がみえます。2016年の夏頃からいつも大勢の人が公園の中を動き回っていて、なにごとだろうかと思っていましたが、ほどなくしてポケモンＧＯを追いかけている人たちだとわかりました。

　それにしても、今のテレビＣＭをみていると、なんとまあ現代人はよく遊ぶものだとあきれるくらい、ゲームの話題が多いですね。昔からいわれる「よく学びよく遊べ」は死語になったかと思うくらい《ものも言わずに》遊んでいるようです。

　《ものも言わずに》といえば、遊びに限らず現代人の話す機会の減ったことといったら、家を出てから帰るまで自販機や自動改札、セルフサービスの買い物などでほとんど会話をしない、というのも珍しくありません。それどころか、友人との会話さえスマホを通じてであり、直接言葉を交わす場面が少なくなっていると聞きます。やがて人間の口は食べる役割だけになって、話す機能が衰えていくのではないかと心配になります。

　人間はものを考えるのに「ことば」を媒介にして論理を組み立て、展開していくもの。そこには常に「だが、しかし」「にもかかわらず」といった逆接の接続詞が必要であり、右か左か、白か黒かの二択では済まないはずです。

　しかし今の世の中、とりわけ資本の論理が求めているのは即効性と即戦力。歴代のノーベル賞受賞者がいくら基礎研究の重要性を説いても、最大の関心事は目先の利益のように思えます。「急がば回れ」とか「損して得取れ」といった古いことわざは死語になってしまったのでしょうか。

　国立大学から文系を追放しかねないような国の文教政策をみていると、どうしても「小言幸兵衛」のような物言いになってしまいます。

　私には国外に住む中学１年生の孫がおります。年に数えるほどしか会え

ませんが、彼は小学生の時から「本は嫌い」と言い切り、わが家に来ても
ゲームに夢中なので、私が「おじいちゃんもゲーム覚えようかな」と言う
と「無理だね」とにべもないのです。無理なのはその通りだし、私に本気
で覚える気などないのを見透かされているのでしょう。

　この本は、何年か後に彼が手にしてくれるかもしれない『おじいちゃん
の語る日本史』のつもりですが、さらに有縁・無縁の人たちが読んでくだ
されば幸せこれに過ぎるものはありません。

　本書の基になった「歴史の現場から」の連載はまだ続いており、50回
に近づいています。『現場から②』はまったくの未定ですが、お読みくださっ
た方のご感想、ご意見などをお聞かせいただければ、と思っております。

内藤真治（ないとうしんじ）

1937 年　東京府東京市荒川区生まれ
1942 年　本土初空襲のあと、群馬県高崎市に転居
1959 年　早稲田大学第一文学部史学科国史専修卒業
1959 年～ 1997 年　群馬県公立高校教員（社会科）
1997 年　民間の会員制教育研究所「群馬県高校教育研究所」
　　　　　（現・ぐんま教育文化フォーラム）運営委員、前所長

現住所　〒 370-0004　群馬県高崎市井野町 144-1
電話　　027（361）9570

『 歴史の現場から 』

2017 年 4 月 5 日　　第 1 刷 ©

　　　　著　者　　内藤真治
　　　　発　行　　東銀座出版社
　　　　　　〒 101-0061　東京都千代田区三崎町 2-6-8
　　　　　　TEL 03（6256）8918　FAX 03（6256）8919
　　　　　　http://www.higasiginza.co.jp

　　　　印 刷　創栄図書印刷株式会社